格致经管前沿

需求方视角下小微企业信贷可得性与企业发展研究

徐娜娜 著

格致出版社 上海人民出版社

前　言

　　小微企业(micro and small enterprises)是市场经济中最为活跃的"经济细胞",它们在支撑经济增长、创造就业机会以及推动科技创新等方面扮演着举足轻重的角色。然而,由于自身特点和供给侧融资①环境的限制,小微企业一直面临着"贷款难"的问题,这成为制约中国小微企业生存与发展的重要因素。以往的研究主要从金融机构的角度解释小微企业融资可得性低的问题,强调大力发展中小金融机构和完善银行市场竞争是解决这一难题的关键途径。随着中国金融业改革的不断推进,区域性中小金融机构不断壮大,国家相关部门也采取了多项政策举措,鼓励和引导金融机构加大对小微企业的信贷支持。然而,金融机构过度依赖抵押担保,使得供给侧融资环境的改善对提高小微企业信贷可得性的作用仍然有限。

　　本书的目的在于深入探讨小微企业的融资难题及其解决途径,为政策制定者、金融机构和小微企业主提供理论指导和实践参考。本书将从多个角度对小微企业的融资难题进行分析,特别着重于从企业主金融素养和自

---

　　①　融资,即资金融通的简称。广义上说,它包括资金的融入和融出两个方面,而狭义上说融资仅仅指资金融入,即资金需求方从资金供给方融入资金的过程。本书使用的是狭义定义。

助融资策略两个方面探讨解决途径,力求从不同维度深入剖析小微企业的融资难题及自助融资策略,为解决这一问题提供新的视角和策略。希望本书的研究成果能为小微企业的持续健康发展和中国经济的包容性增长贡献一份力量。此外,感谢江南大学金融创新与风险管理基地对本研究的资助。

本书共分为七章,各章内容概述如下:

第1章作为导论,首先介绍本书的研究背景和意义,并明确研究问题和研究内容。其中也将阐述本书的研究思路、研究框架以及所采用的研究方法。

第2章则将对小微企业的概念进行界定,并强调其在经济中的重要性。并且,这一章对小微企业群体的异质性及不同融资渠道的特点进行归纳,以为后续研究打下基础。

第3章是本研究的理论基础和文献综述。这一章首先对小微企业融资领域的两大经典理论,即融资次序理论和信贷约束理论,进行梳理。对这两大经典理论的梳理将为后续的分析提供坚实的理论基础。其次,该章分别从供给侧金融机构、需求侧企业和企业主的角度,深入探讨影响小微企业银行信贷可得性的因素。这种综合分析能够使我们更加全面地理解小微企业所面临的融资难题。再次这一章一方面在宏观层面探讨金融发展对经济增长的影响,通过总结整体金融发展对经济增长的影响,加深对金融发展与经济增长关系的认识;另一方面,从微观角度出发,梳理信贷可得性影响小微企业动态变化的经验事实。这些经验证据的梳理为我们的理论分析提供了更具体的实际案例和数据支持。这一章也将针对当前小微企业的信贷难题,提出可行的解决途径,从企业主金融素养和自助融资策略两个角度出发,探讨帮助小微企业克服贷款难题的具体方法。同时,通过对这一章的内容进行总结和评述,还将突出本书研究的创新和价值。

第4章对影响小微企业银行信贷可得性的因素展开研究。这一章从小微企业贷款需求和信贷约束的现状出发,深入研究企业主金融素养对小微企业获得银行信贷的影响。我们将考察企业主户口类型和区域金融发展水平是否影响金融素养对银行信贷可得性的正向作用,并进一步探讨金融素养与小微企业的融资需求二者之间的关系。

第5章研究自助融资方式对缓解小微企业信贷约束的影响效应。这一章将重点研究小微企业主如何借助自助融资方式应对信贷约束问题。我们将分别探讨自助融资策略在缓解正规和非正规小微企业信贷约束方面的作用,并从企业主的金融知识、企业存续时间等角度考察影响这种策略使用效应的因素。

第6章研究自助融资方式对小微企业动态变化的影响效应。这一章将考察自助融资方式的使用对小微企业存续和进入的影响。其中特别关注自助融资策略在不同组织形式的小微企业创办过程中的异质性作用,即从企业组建时的资金需求差异对该异质性作用进行解释。

第7章对前述各章节的研究内容进行总结,并提出相应的政策建议。同时指出本书的不足之处,并对未来相关研究的发展方向进行展望。

本书的贡献主要体现在三个方面:

首先,在研究问题的角度有所创新。第一,与现有文献不同,得益于数据的丰富性,本书不再简单地根据企业是否有银行贷款来研究小微企业银行信贷可得性,而是从企业的信贷需求、贷款申请及获得性等多个方面来考察小微企业银行信贷可得性。第二,首次验证了企业主金融素养对提高小微企业银行信贷可得性的积极作用,这是对小微企业银行信贷可得性影响因素文献的一个有益补充。第三,首次验证了使用自助融资方式对缓解小微企业信贷约束的正向作用,丰富了小微企业融资行为的相关研究。第四,首次验证了使用自助融资方式对小微企业创办和存续的影响,为金融与经济增长之间关系的理论争论提供了微观实证证据。

其次,本书在研究数据方面也有一定的创新。尽管中小企业融资问题已经积累了大量的研究成果,但由于小微企业数据可得性差,细化到小型、微型企业的系统研究仍不多见。此外,以往的研究多是基于某一区域的调查数据,其可靠性和代表性弱。还有些研究虽然使用新三板中小企业数据,但仍不具有代表性。本书同时使用两个具有全国代表性的大型微观调查数据库——西南财经大学的中国家庭金融调查(China Household Finance Survey,CHFS)和中国小微企业调查(China Micro and Small Enterprises Survey,CMES)的数据,这两个数据库样本代表性强,数据质量高。不仅如此,它们还各有优势。前者是家户调查,信息比较全面,涵盖了家庭成员、家庭和工商业经营三个方面的详细信息,但对于家庭参与的非个体工商户企业组织未询问企业的相关信息;后者是小微企业调查,调查对象是企业法人,组织形式包括个人独资企业、合伙企业、有限责任公司、股份有限公司等,所收集的信息除了企业最主要所有者的个人特征信息,还包括企业经营、融资等信息。这两个数据库相互补充,为本书的研究提供了良好的数据基础。

最后,本书在研究方法创新上也有一定的贡献。本书主要依据简约式经济模型,选择计量估计方法,例如普通最小二乘法(OLS)、Probit、Tobit等常见的估计模型。鉴于研究中存在的内生性,本书寻找相应的处理手段,如工具变量法(instrumental variable approach)、Heckman选择模型、倾向得分匹配(PSM)。并且,本书还采用逐步回归、替换衡量指标、分样本等方式进行异质性分析和稳健性检验。本书在估计方法上的创新点是将社区其他家户的贷款信息作为区域金融发展水平的代理变量。

目　录

第1章 导 论

1.1 研究背景

1.1.1 理论背景

信息不对称问题在小微企业贷款中尤为严重,因此银行对小微企业通常采取"慎贷""惜贷",甚至"不贷"的信贷配给政策(Berger et al.,2001;Berger and Frame,2007;王霄、张捷,2003)。以往的大量研究偏好从金融供给侧的视角对小微企业贷款可得性低进行解释,如银行业竞争与合并(Peek and Rosengren,1998;Black and Strahan,2002;Craig and Hardee,2007;Chong et al.,2013;鲁丹、肖华荣,2008;尹志超等,2015),以及银行规模与银行业结构等(Strahan and Weston,1998;Berger and Udell,2002;林毅夫、李永军,2001;李志赟,2002;张一林等,2019)角度。其中较为一致的观点认为,由于中小金融机构在为中小微企业提供金融服务方面拥有信息上的优势,因此大力发展中小金融机构、完善银行市场竞争机制是解决中国小微企业"融资难"问题的根本出路。随着中国金融业改革的深化和一系列小微企业信贷支持政策的出台,小微企业外部融资环境得到了一定程度的改善,但其"融资难"问题依然突出。

Stiglitz 和 Weiss(1981)的信贷配给模型中,一个潜在的基本假设是有信贷需求的企业都会向银行申请贷款。然而,这一假设忽视了金融需求侧的可能影响,例如,"消极借款人"的存在。具体来说,在面对银行不完美的甄选策略或存在贷款申请成本的情况下,有信贷需求的潜在借款人可能选择不向银行提交贷款申请(Kon and Storey,2003;Petrick,2004;王冀宁、赵顺龙,2007),这样的借款人即所谓的"消极借款人"(discouraged borrowers),这样的现象也称为自我信贷配给。忽视"消极借款人"的存在,先验地假设他们的信贷需求为零,这显然是不正确的(Levenson and Willard,2000)。小微企业主的自身特征也可能会导致有融资需求的小微企业放弃向银行申请贷款。已有研究表明,金融素养的缺乏是家庭有限参与正规金融市场的重要原因(Van Rooij et al.,2011;宋全云等,2017),同样的逻辑也适用于小微企业群体。然而,过去由于数据的限制,企业主的金融素养如何影响小微企业的信贷可得性仍不得而知。本书将给出相关的实证检验证据。

在银行"惜贷"的背景下,转向其他替代融资渠道以弥补信贷缺口是小微企业维持正常经营、生存与发展的必然选择。自助融资行为有关文献表明,当传统融资渠道受到限制时,小微企业主会创造性地利用一切可得的金融资源应对融资需求,包括民间借贷、商业信用、租赁融资以及个人信贷等。本书将重点讨论其中一种较为常见但被主流文献忽视的金融自助方式,即小微企业主使用个人信用授信额度放松家庭预算约束,减少家庭的预防性储蓄,进而借助家庭"内部资金池"来应对小微企业流动性紧张问题。这种信贷流动机制实际上是把企业主个人的信用融资功能转化为无抵押担保的企业小额信用贷款,与银行的传统信用贷款机制无异。然而,当前关于中国个人信用授信的研究主要关注授信额度的营销环节及消费用途(Worthington,2003,2005;Worthington et al.,2007;Sharpe et al.,2012;Porto et al.,2019;廖理等,2013;李江一、李涵,2017),而忽视了企业主个人信用助力小微企业融资的可能性。已有研究发现,金融资源会从较容易获得信贷的国有部门流向私营部门,这种资金流动机制有效地减弱了银行信贷配给政策给私营部门带来的负面影响,支持了中国私营部门的发展(Cull et al.,2009;卢峰、姚洋,2004)。按照相同的逻辑,本书将重点讨论中国小微企业主借助个人信用应对流动资金约束这种自助融资方式及其对小微企业创办和存续的支持作用。

1.1.2　现实背景

小微企业具有规模小、固定资产比重低、财务信息透明度差、抵御外部风险能力弱等特点,因此其融资需求呈现"短、小、频、急"的特点。"短"是指其资金使用期限短,小微企业融资一般是为满足临时流动资金周转的短期信贷需求。"小"是指其贷款金额低,单次融资金额小,例如,由世界银行和中国政府于 2005 年合作启动的中国微小企业贷款项目为大约 18 万小微企业借款人提供了单笔金额在人民币 10 万元以下的贷款,这说明小微企业的融资金额并不大。"频"是指其融资需求频率高,受其自身规模限制,小微企业内部资金腾挪空间有限,流动资金紧张导致的融资需求时有发生。"急"是指其贷款时效性强,小微企业融资需求多表现为短期的或应急性的资金需求,如购买原材料、偿还应付款项、发放工资等。

　　由于小微企业自身融资需求的特点、固有的信息不透明问题以及缺乏有效抵押物和担保机制，小微企业一直以来都面临着"贷款难"问题。无论是在融资渠道、融资成本还是在信贷支持方面，相较于资金雄厚、实力强大的大中型企业，小微企业都存在先天性的劣势。随着中国经济增长速度逐步放缓，经济下行压力持续加大，市场风险偏好下降，小微企业遭遇的"经营难、融资难"问题进一步加剧。党中央、国务院历来高度重视小微企业金融服务工作，多次强调要优先解决民营企业特别是中小企业融资难甚至融不到资的问题，同时还要逐步降低融资成本。为此，国家相关部门先后出台了多项普惠金融政策，鼓励和引导金融机构加大对小微企业的信贷支持，但供给侧融资环境的改善对缓解小微企业"贷款难"的作用较为有限，小微企业的融资困局尚待解决。中国人民银行、中国银保监会发布的《中国小微企业金融服务报告（2018）》显示，截至 2018 年末，中国小微企业法人贷款余额共 26 万亿元，占全部企业贷款的 32.1%。这一贷款规模远低于小微企业对就业岗位和国民经济贡献的份额，与小微企业在国民经济中的重要地位极不对等。

　　在银行"惜贷"的背景下，小微企业使出浑身解数，通过商业信用等自助融资方式维持生存，甚至铤而走险，转而向高利贷、网络高息贷款寻求帮助。随着中国征信体系的建立和完善，由于可得性和便利性的优点，借助企业主个人信用提升企业金融服务已成为小微企业应对流动性短缺的重要方式之一。

　　然而，根据 Berger 和 Udell（1998）的研究，基于企业主个人信用的债务在美国小企业资本结构中出奇地不重要（占小微企业总资产的比重仅为 0.14%）。相应地，为了研究个人信用授信在中国小微企业融资结构中究竟发挥了多大的作用，以便进一步为政策研究提供支持，我们采用了与 Berger 和

Udell(1998)的相同做法,计算不同资金来源占中国小微企业总资产的比重。

如表1.1所示,银行贷款占中国小微企业总资产的比重为4.86%,远低于美国小企业中这一比重的水平(18.75%),这说明中国小微企业银行信贷可得性较低。从小微企业的应收应付款来看,应收账款占小微企业总资产的比重较高,为15.29%,与美国小企业相似,但应付账款(也定义为商业信用)所占比重很低,仅为1.51%,一个潜在的原因是,中国小微企业的议价能力较低,从而更可能成为商业信用渠道的信贷提供者而不是接收者。与美国小企业相比,企业主个人信用授信债务占中国小微企业总资产的比重相当高,当我们仅考虑有未偿还个人信用授信债务的企业时,尤其如此,其中个人信用授信债务的比重与银行贷款的比重相当(分别为4.81%和5.07%)。这些统计数据表明,个人信用授信可能在中国小微企业融资中发挥了重要的作用。

表 1.1　小微企业资本结构

样本 (样本数)	全样本 (1 243)		有个人信用负债 (185)		无个人信用负债 (1 058)	
	均值(元)	比重(%)	均值(元)	比重(%)	均值(元)	比重(%)
总资产	6 222 411		6 695 977		6 136 650	
负债:						
银行贷款	302 371	4.86	339 718	5.07	295 609	4.82
民间借贷	130 870	2.10	169 749	2.54	123 829	2.02
个人信用负债	49 414	0.79	322 282	4.81	0	0
应付账款	93 992	1.51	135 934	2.03	86 405	1.41
资产:						
应收账款	951 292	15.29	955 660	14.27	950 499	15.49

资料来源:CMES 2015年。

基于以上对理论和现实背景的讨论,为了破解长期以来困扰中国小微企业的融资难题,本书首先系统分析小微企业银行信贷可得性的现状,并从需求侧企业主金融素养的角度对中国小微企业"贷款难"的问题进行剖析。

其次,本书考察小微企业主如何借助基于个人信用授信的自助融资方式应对信贷约束。最后,基于金融—企业动态变化的二元关系,本书将进一步研究自助融资方式的使用对小微企业存续及创办的作用。本书的研究有助于扩展小微企业融资的研究边界。

1.2 研究意义

1.2.1 理论意义

与大中型企业相对规范的核算体系和组织形式相比,小微企业的特殊性在于其面临严重的信息不对称以及企业主个人与企业的高度融合,这决定了小微企业融资与传统理论的设想之间存在着相当大的差距(田晓霞,2004)。从小微企业的组织形式来看,个人独资、合伙企业和个体工商户在小微企业群体中占主体地位,这几类企业的企业主对债务承担无限连带责任。小微企业中的管理者通常由单个自然人担任,其往往也是企业的主要投资者,而管理者和所有者的分离是标准企业融资理论的基本假设之一,因此标准的企业融资理论无法对小微企业融资行为给出合理的解释,小微企业融资也因此逐渐受到学术界的关注并形成了企业融资理论的一个重要分支(Haynes et al.,1999;Yilmazer and Schrank,2006;Muske et al.,2009)。

信贷市场中有相当数量进行自我信贷配给的企业,而针对新兴经济体中小微企业自我信贷配给现象的研究却仍较为鲜见,因此,本书系统分析小微企业信贷可得性的现状,并首次验证企业主金融素养对提高小微企业银

行信贷可得性的积极作用,本研究是对小微企业银行信贷可得性影响因素
文献的一个新的补充。已有研究证实了非正规借贷(包括商业信用)在正规
金融机构效率低下时的作用(Allen et al.,2005;Banerjee and Duflo,
2007)。本书将重点讨论在银行贷款不可得的情况下,自助融资方式的存在
及其对小微企业发展的积极作用。本书的研究首次验证了自助融资方式对
缓解小微企业信贷约束的显著作用,丰富了小微企业金融行为的相关研究;
此外,还首次验证了自助融资方式的使用对小微企业创办和存续的影响,为
金融与经济增长的理论争论提供了微观经验证据。

1.2.2　现实意义

从组织构成来看,中国的金融体系以银行为主导,证券、保险等非银行
金融机构规模在金融体系中的比重相对较小。从股债融资结构来看,据中
国人民银行发布的《2018 年社会融资规模存量统计数据报告》显示,2018 年
中国新增融资近 20 万亿元,其中 93% 是债务债权,仅 7% 是资本股权。因
此,以银行为代表的间接融资在中小微企业融资中发挥着关键作用。然而,
由于小微企业与生俱来的信息不透明问题,加上中国的银行体系以大中银
行为主体,以及银行业务存在规模经济、范围经济效应,因此有小额贷款需
求的小微企业长期以来普遍受到银行的信贷配给的约束。为改善小微企业
的信贷融资环境,自 2014 年起,针对小微企业和"三农"等普惠金融领域,央
行实施了多次"定向"或"全面+定向"的降准政策。即便如此,小微企业"融
资难、融资贵"的困境始终未根本破解。毋庸置疑,深化金融供给侧结构性
改革,是解决中国小微企业和民营企业等弱势经济主体金融资源配置失当
问题的重要措施,但中小微企业银行信贷的可得性既受到资金供给侧的影

响,也受到需求侧的作用(OECD,2016)。世界银行 2014 年发布的《全球金融发展报告》指出,金融教育可能是提高小微企业金融服务可得性的有效途径,加强金融教育有助于提振经济。本书将对这一提议的有效性进行检验,为破解中国小微企业信贷困局提供参考,具有一定的现实意义。

当前,个人信用业务突破了传统的消费范畴,正逐渐渗透到小微企业信贷市场。自助循环贷款无需抵押担保、随借随还的特点,决定了其小额信贷功能是匹配小微经济融资需求的良好助力。当前,中国已有多家银行通过个人信用业务开拓小微企业融资渠道,针对符合条件的个体经营户、私营小微企业主及其他优质客户的短期资金需求推出高额度的贷款产品。面向小微经济实体投放大量的小额信贷,能达到"渠道下沉、价格下沉、服务提升、效率提升、风险可控"的理想效果,助力破解当前小微企业的融资困局。

1.3　研究思路、研究框架与研究方法

1.3.1　研究思路与研究框架

本书从小微企业信贷可得性低的现状出发,基于相关理论和现实背景,提炼出本书的实证研究问题。具体而言,基于小微企业贷款持有率低的现状,遵循"贷款难(现状)→怎么难(原因)"的逻辑思路,提出本书的第一个研究问题:小微企业银行信贷可得性的影响因素有哪些? 并且,本书会重点讨论企业主金融素养这一因素的作用。该研究问题从金融需求侧的视角研究小微企业银行信贷可得性,是对传统供给侧研究视角的有益补充。在小微企业信贷可得性低的现实背景下,还需要进一步考察小微企业是如何应对

信贷约束的,实践证据显示,中国小微企业主使用自助融资方式应对流动资金约束的现象已较为常见,因此沿着"贷款难(现状)→怎么办(结果)"的思路,引出本书的第二个研究问题:自助融资方式在缓解中国小微企业信贷可得性低的问题上发挥怎样的作用? 小微企业经常面临需要数万元现金补充流动资金用于企业运营周转的情况。相比于银行贷款的滞后性缺点,随借随还的特点使得自助循环贷款成为小微企业应对或有流动性风险的良好金融工具。因此,本书的第三个研究问题是检验自助融资方式的使用对小微企业的存续和创办是否有影响以及如何影响。该研究问题也是对本书第二个研究问题的深化和拓展。

1.3.2　研究方法

本书的研究以理论分析为前提,在文献梳理的基础上,结合中国小微企业银行信贷需求与信贷可得性现状,以及企业主自助融资方式的发展现状,提出研究假说,构建计量经济学模型,并利用 CHFS 和 CMES 数据,根据计量模型选取合适的估计方法,从而对理论假说进行检验。

首先,本书将对与研究话题——小微企业融资和动态变化的相关理论和经验证据进行系统梳理,并结合中国小微企业融资的具体情况和实际问题提出研究问题与理论假说。其次,根据研究假说中因果识别的方向,厘清可能涉及的各个影响因素之间的相互关系,从而构建简约式经济模型。再次,根据简约式经济模型中包含的经济变量,获取适合本书研究的数据库并进行科学的清洗。数据的质量直接决定了研究结论的可信性,得益于数据的可得性,本书选取了两个代表性好、质量可靠的微观数据库开展研究。最后,进行估计与识别,对不同的研究问题相应地选择合适的计量估计模型。

除变量衡量可能存在的测量误差外,使用简约式经济模型进行估计还可能会遇到遗漏变量、互为因果及由于变量之间的相互作用而产生的联立性等内生性问题,因此,需要采用多种方法尽可能地把估计误差减少到可接受的范围内,从而确保估计结果和研究结论的稳健性。

本书使用的估计方法具体如下,在第4章对金融素养与小微企业银行信贷可得性关系的研究中,首先采用迭代主因子法(iterated principal factor analysis)构建金融素养综合指数,其次采用 OLS、Probit、IV-Probit、Tobit 计量估计模型,并结合逐步回归法、分组回归法等方法进行实证分析和因果识别。在第5章对信贷约束如何影响小微企业选择自助融资的研究中,主要采用了 OLS、Probit、Tobit、Heckman 自选择模型和倾向得分匹配法,并结合逐步回归法、分组回归法等方法进行实证分析和因果识别。在第6章对自助融资的使用如何作用于小微企业创办和存续的研究中,主要采用了 OLS、Probit、两阶段最小二乘法(2SLS)、Heckman 样本选择模型,并结合逐步回归法、分组回归法等方式进行实证分析和因果识别。

1.4　小结

在解决小微企业融资难题的探索中,企业主的金融素养对提高小微企业银行信贷可得性具有积极作用,而个人信用授信作为一种自助融资方式,对缓解信贷约束、促进小微企业的存续和创办也产生了积极影响。然而,我们不可忽视其中存在的双面性。一方面,个人信用授信作为一种可行的替代融资渠道,确实为小微企业主提供了更为便捷和灵活的融资途径,降低了融资的门槛和难度。通过个人信用,小微企业主能够更容易地获得资金支持,这在一定程度上缓解了传统银行信贷难以覆盖的问题,为小微企业发展带来了实实在在的机遇。但另一方面,与个人信用授信相关的风险也不可忽视。个人信用授信市场存在信息不对称和监管不足的问题,借款人可能因缺乏全面的信息而陷入高利息贷款或不良债务的困境,因此企业主的个人信用状况可能会影响到企业的融资条件和利率,增加企业主个人与企业之间的交叉风险。

事实上,本书从需求端视角所探讨的自助融资策略与"信易贷"模式支持中小微企业融资的政策导向相一致。2018 年 4 月,国家发展改革委办公厅发布《关于探索开展"信易贷"工作的通知》,首次提出"信易贷"概念。2019 年 9 月,国家发展改革委、原银保监会联合印发《关于深入开展"信易贷"支持中小微企业融资的通知》,明确提出加强信用信息归集共享、创新贷款产品服务等六大举措。"信易贷"模式的推广,通过增加或者放大对中小微企业(含企业主)的融资贷款额度,力图让信用良好的市场主体更便利地获得融资贷款,这为破解中小微企业融资难题提供了新思路、新方法。基于此,本书亦旨在为相关议题提供政策启发。

第 2 章　　小微企业概述及融资渠道分析

　　本书在导论部分就明确提出了本研究的重点：即从需求方视角探讨小微企业的正规信贷可得性，以及提升信贷可得性对企业动态变化的影响效应。对研究主体和研究对象范围的明确界定是本研究的基础。因此，本章围绕小微企业及其融资渠道两个部分展开论述。具体而言，第 2.1 节总结小微企业的概念内涵和界定标准。第 2.2 节回顾小微企业重要性的相关研究。第 2.3 节对小微企业的典型群体以及正规、非正规小微企业的区别进行总结和描述。至此，对小微企业群体形成一个比较全面的认识。最后，第 2.4 节将总结和比较小微企业的融资渠道选择。

2.1　小微企业的概念及界定

2.1.1　小微企业的概念

　　小微企业的定义一直备受争议。首先，小微企业并不是一个绝对概念，而是一个相对概念。它是相对于大中型企业而言的,不同国家对企业规模的划分也不尽相同。美国采取的是一分为二的方法,对企业规模只有大企业和小企业的区分,我们通常所言的中小企业在美国的企业规模划分中均被涵盖在小企业(small businesses)中;而在英国等欧洲国家,企业规模细分为大型企业、中型企业、小型企业和微型企业四类;在日韩两国,企业规模分为大型企业、中型企业和小型企业三类。其次,小微企业的概念是动态变化的。在同一个国家的不同历史阶段,小微企业都有不同的内涵,因此目前世界范围内并没有一个统一的口径。

2.1.2　小微企业的界定标准

小微企业的划分标准既有定性的区分,又有定量的规定。小微企业性质上的界定一般涵盖市场势力、所有权结构和独立性三个方面。具体而言,多数中小微企业区别于大企业的特征在于:占有较小的市场份额,在其经营领域不占主导地位;企业所有权与经营权两权合一,企业主亲自参与经营管理,存在不太正式的雇佣关系;独立自主经营而不受外部控制,企业不隶属于其他经营单位。小微企业性质上的界定有助于把握小微企业的实质,但定性指标的主观性导致其在实际中的运用较为困难。相反,基于定量指标的企业规模划分标准在统计分析等方面比较容易操作,较好地弥补了定性指标的缺陷。因此,目前大多数国家都是采取以定量指标为主、定性指标为辅的方式来界定小微企业。

但是,不同国家和地区在定量指标的选取和企业规模的划分标准设定上存在较大差异。尽管如此,世界范围内最常用于界定小微企业的三个定量指标是从业人数(雇佣人数)、资产规模和营业额。其中,前两项属于生产要素投入指标,第三项是经营水平指标。在实际运用中,对企业规模的划分,有的国家或地区仅要求满足其中一项指标,有的则是要求两项或三项指标都要满足,界定标准还会随企业所处行业而异。①以下主要介绍欧美、日韩等主要发达经济体对小微企业的界定,以及中国小微企业的概念和界定标准的演变。

(1)美国和欧盟对小微企业的界定。

美国小企业管理局(Small Business Administration)在界定企业规模时着重强调反垄断,企业划型主要基于企业雇佣人数和年营业额两个指标。一般而言,雇佣人数在 500 人以内的企业归类为小企业,但是具体规模标准视企业所处的行业而异,行业细分精确到六位行业代码。以食品制造业部门为例,对从事香料和提取物制造的企业而言,小企业的认定需满足雇佣人数在 500 人以内的条件;而对从事奶酪制造的企业来说,小企业的认定需满足雇佣人数在 1 250 人以内的条件。除了定量上对企业规模的界定,根据美国 1953 年颁布和实施的《小企业法案》,小企业还必须具备一些定性特点:营利性,由企业主独立拥有和经营,在全国范围和所处领域不占主导地位,位于美国或在其领土内运营。根据欧盟委员会的定义,小型企业是指雇员在 10—50 人之间,并且年营业额或资产总额在 200 万欧元以上同时不超过 1 000 万欧元的企业;微型企业是指雇员人数在 10 人以内,并且年营业额或资产总额在 200 万欧元以下的企业。

---

① 行业是企业划型的重要信息,如制造业和工业部门。进一步而言,尽管都是制造业企业,一个有 50 名员工的机床车间在其行业内可以算是中型企业,但有 100 名员工的服装企业在其行业内仅算小企业,这些差异通常主要存在于劳动密集型企业和资本密集型企业之间。因此,在对"小型"企业进行界定时,资产规模是对雇佣人数指标的重要补充。除此之外,营业额也是对企业大中小微型界定的重要指标,然而,在实际操作中,在增长型和非增长型、大型和小型市场行业之间,营业额往往有很大的差异。此外,它可能因税收原因受到操纵。销售可能受到经济环境的影响,也可能因季节而异,因此附加值可能很难评估。

（2）日本和韩国对中小企业的界定。

日本政府于 1940 年开始以从业人数作为中小企业的界定指标。1950
年开始，日本政府将资本额纳入中小企业界定指标体系。1963 年日本政府
颁布的《中小企业基本法》及其后续的修订案中对企业规模划分作了更明确
的规定，例如，在批发业中，从业人员在 100 人以内或资本额在 1 亿日元以下
的企业为中小企业；而在零售业中，从业人员在 50 人以内或资本额在 5 000
万日元以内的企业为中小企业。韩国政府在 1966 年颁布的《中小企业基本
法》主要基于企业雇佣人数和资产规模两个定量指标，并结合行业细分界定
中小企业。一般而言，在韩国，小企业被定义为雇员不足 50 人的企业。

（3）中国小微企业的概念和界定标准的演变。

中国小微企业的早期概念多指向小微企业是小型企业、微型企业、家庭
作坊式企业和个体工商户群体的统称。这种定性的界定容易受到人为主观
因素的影响，中国相关法规对企业规模的划分一直采用定量指标，选取的定
量标准在不同的历史时期和经济发展阶段存在差异。

在中华人民共和国成立初期，中国主要是以固定资产价值作为企业规
模的界定标准。1960 年后，中国开始使用从业人数作为界定指标。1978
年，界定指标改为综合生产力。1999 年，资产总额和年销售额成为界定标
准。2003 年，原国家经济贸易委员会、原国家计划委员会、财政部、国家统计
局联合发布了《中小企业标准暂行规定》。该规定以从业人数、资产价值和
销售额三个定量指标为依据，并结合行业特点，按照企业规模把企业划分为
大型、中型和小型三类。随着经济发展和产业升级，企业的划型标准也越来
越趋于细化。2011 年 6 月，中国工业和信息化部、国家统计局、国家发展和
改革委员会、财政部联合制定了《统计上大中小微型企业划分办法》。该规
定把微型企业作为一个单独的类别划分出来，即把企业规模划分为大型、中

表 2.1　统计上大中小微型企业划分办法(2017)

行业名称	指标名称	单位	大型	中型	小型	微型
农、林、牧、渔业	营业收入(Y)	万元	Y≥20 000	500≤Y<20 000	50≤Y<500	Y<50
工业*	从业人员(X)	人	X≥1 000	300≤X<1000	20≤X<300	X<20
	营业收入(Y)	万元	Y≥40 000	2 000≤Y<40 000	300≤Y<2 000	Y<300
建筑业	营业收入(Y)	万元	Y≥80 000	6 000≤Y<80 000	300≤Y<6 000	Y<300
	资产总额(Z)	万元	Z≥80 000	5 000≤Z<80 000	300≤Z<5 000	Z<300
批发业	从业人员(X)	人	X≥200	20≤X<200	5<X<20	X<5
	营业收入(Y)	万元	Y≥40 000	5 000≤Y<40 000	1 000≤Y<5 000	Y<1 000
零售业	从业人员(X)	人	X≥300	50<X<300	10<X<50	X<10
	营业收入(Y)	万元	Y≥20 000	500≤Y<20 000	100≤Y<500	Y<100
交通运输业*	从业人员(X)	人	X≥1 000	300≤X<1 000	20≤X<300	X<20
	营业收入(Y)	万元	Y≥30 000	3 000≤Y<30 000	200≤Y<3 000	Y<200
仓储业*	从业人员(X)	人	X≥200	100≤X<200	20≤X<100	X<20
	营业收入(Y)	万元	Y≥30 000	1 000≤Y<30 000	100≤Y<1 000	Y<100
邮政业	从业人员(X)	人	X≥1 000	300≤X<1 000	20≤X<300	X<20
	营业收入(Y)	万元	Y≥30 000	2 000≤Y<30 000	100≤Y<2 000	Y<100
住宿业	从业人员(X)	人	X≥300	100≤X<300	10<X<100	X<10
	营业收入(Y)	万元	Y≥10 000	2 000≤Y<10 000	100≤Y<2 000	Y<100

续表

行业名称	指标名称	单位	大型	中型	小型	微型
餐饮业	从业人员(X)	人	X≥300	100≤X<300	10≤X<100	X<10
	营业收入(Y)	万元	Y≥10 000	2 000≤Y<10 000	100≤Y<2 000	Y<100
信息传输业*	从业人员(X)	人	X≥2 000	100≤X<2 000	10≤X<100	X<10
	营业收入(Y)	万元	Y≥100 000	1 000≤Y<100 000	100≤Y<1 000	Y<100
软件和信息技术服务业	从业人员(X)	人	X≥300	100≤X<300	10≤X<100	X<10
	营业收入(Y)	万元	Y≥10 000	1 000≤Y<10 000	50≤Y<1 000	Y<50
房地产开发经营	营业收入(Y)	万元	Y≥200 000	1 000≤Y<200 000	100≤Y<1 000	Y<100
	资产总额(Z)	万元	Z≥10 000	5 000≤Z<10 000	2 000≤Z<5 000	Z<2 000
物业管理	从业人员(X)	人	X≥1 000	300≤X<1 000	100≤X<300	X<100
	营业收入(Y)	万元	Y≥5 000	1 000≤Y<5 000	500≤Y<1 000	Y<500
租赁和商务服务业	从业人员(X)	人	X≥300	100≤X<300	10≤X<100	X<10
	资产总额(Z)	万元	Z≥120 000	8 000≤Z<120 000	100≤Z<8 000	Z<100
其他未列明行业*	从业人员(X)	人	X≥300	100≤X<300	10≤X<100	X<10

注:(1) 大型、中型和小型企业须同时满足所列指标的下限,否则下划一档;
(2) 微型企业只须满足所列指标中的一项;
(3) 带*的项为行业组合类别;
(4) X代表从业人员数量,Y代表营业收入,Z代表资产总额。
资料来源:国家统计局网站。

型、小型和微型四类。传统的企业理论主要以大中型企业为研究对象,鉴于小型、微型企业与大中型企业在企业特性上的系统差异,将微型企业从中小企业概念中分离出来,对于学术研究和政策制定都具有重要意义。2018 年 1 月,国家统计局发布了《统计上大中小微型企业划分办法(2017)》,此次修订保留原有的分类原则、方法、结构框架和适用范围,仅将所涉及的行业按照对应关系做了相应调整。这一次修订后中国的大中小微型企业的具体划分标准见表 2.1。

2.2 小微企业的重要性

世界各国对小微企业的认识都经历了从忽视到关注,再到高度重视的过程。早期小微企业的特殊性是被忽视的,人们一直把小微企业当作"规模小的大企业",认为小微企业和大企业具有相同的特点,因此大企业的相关概念和理论也可以直接套用于小微企业。另一些学者认为,小微企业值得关注仅仅是因为它们处于规模由小变大的过程中。早期大部分宏观经济学家坚信只有大企业,尤其是跨国集团公司才有能力领导或调节经济。他们认为,小微企业只是简单地跟随大企业,或者说是大企业的附属,所以它们在经济上是不重要的。然而,实际上,现在存在的绝大多数企业都是小微企业,而且大多数小微企业将在其生命周期中一直保持小规模的状态(Julien,2018)。此外,小微企业在吸收就业方面尤其重要,特别是对于发展中经济体而言,大多数新增就业都是由小微企业贡献的,甚至在某些特定地区,小微企业是创造就业岗位和促进经济复苏的唯一动力来源。

中国的小微企业数量庞大,已成为国民经济的重要支柱,是市场经济持续稳定增长的坚实基础。原国家工商行政管理总局在 2014 年发布的《全国小型微型企业发展情况报告》[①]显示,截至 2013 年末,全国各类企业总数为 1 527.84 万户;其中,小微企业 1 169.87 万户,占到企业总数的 76.57%。将 4 436.29 万户个体工商户纳入统计后,小微企业在工商登记注册的市场主体中所占比重达到 94.15%。小微企业虽小虽微,但提振宏观经济的作用不"小",在经济社会发展中的地位不"微"。据《全国小型微型企业发展情况报告》统计,中国中小微企业创造的最终产品和服务价值相当于国内生产总值(GDP)的 60%,纳税金额占国家税收总额的 50%,完成了 65% 的发明专利申请和 80% 以上的新产品开发工作。小微企业在促进就业方面也有突出的贡献,是新增就业岗位的主要吸纳器。因此,促进小微企业的健康发展是保持国民经济平稳发展的重要基础,是关系民生和社会稳定的重大战略任务(周天勇,2000)。

综上所述,小微企业的重要性体现在以下方面:

首先,小微企业数量众多,占全部企业数量的 95% 以上。超过 50% 的就业人员受雇于雇员人数少于 100 人的企业,尤其是在中低收入国家。与大中型企业相比,小微企业往往属于劳动密集型行业。因此,它们在提供生产性就业机会、创造收入和消除贫困方面作出了重大贡献。

其次,小微企业创造了巨大的社会财富。无论是在发达国家还是发展中国家,平均来看,小微企业都贡献了该国 GDP 的 50% 以上。并且,有充分的经验证据表明,拥有大量小型工业企业的国家的收入分配更加公平,小微企业减轻了再分配压力,缩小了城乡之间的经济差距,为维护社会长期稳定发挥了重要作用。

---

① 该统计数据源于原国家工商行政管理总局在 2012 年 11 月开展的《全国小微企业发展报告》课题研究。由于后续没有相关统计报告发布更新,因此我们使用这些数据作为支持。

再次,小微企业是企业家精神、创新和冒险行为的温床,并为长期增长提供动力以及为向大中型企业过渡提供基础。

最后,小微企业有助于建立系统的生产能力,吸收经济各阶层的生产性资源,并有助于建立有弹性的经济制度,使大小企业相互联系。同时,由于小微企业数量多,地域广,遍布于各行各业,因此,它们对市场反应灵敏,是活跃市场不可或缺的重要力量。并且,它们的存在使得大企业不能随意操纵市场,有利于维护公平竞争,增强市场活力。

2.3　小微企业群体的异质性

企业家对经济发展至关重要(Schumpeter,1934;Williams,1981),但拥有企业的人不一定是企业家(Martin,1982)。Schumpeter(1934)认为创新是创业活动的核心特点,也是区分企业家和非企业家的关键因素,从事创新活动的人才是企业家。他们的这一特点往往表现为对资源进行创新性组合以获取更多利润。创业型企业可能以任何规模水平为起步,但随着时间的推移,强大的增长能力是其区别于一般企业的关键特征。支持扶持小微企业的经济论据基于这样一种观点:小微企业是经济总体创新和增长的重要贡献者,但仅凭市场力量无法为该企业群体分配足够的资源。实际上,只有少数新创小微企业可能会发展壮大,大多数小微企业没有走出当地的小市场,创新能力有限,也没有强烈的增长愿望,往往在其整个生命周期中都保持着较小规模。以往的研究主要偏向于关注创新型小微企业,而对家庭作坊式小微企业和个体工商户等更广泛的小微企业群体的关注较少。在本节中,我们将重点探讨这些小微企业的典型特点,并对不同类型的小微企业进行比较,为接下来的实证分析做好必要的准备。这样的比较将有助于我们更全面地理解不同类型小微企业在融资方面所面临的问题和挑战,为提出针对性的政策建议和解决方案提供更具深度的支持。

首先,小微企业主与企业家并非同一概念。长期以来,经济学家和政策制定者都对影响企业家精神的各种经济政策很感兴趣。然而,他们往往在将小企业主与企业家等同,而忽略了两者之间的差异。虽然这两者之间存在内在联系,但典型的小企业主与经济模型设定的或决策者通常所理解的企业家之间存在着差异(Hurst and Pugsley,2011)。举例来说,经济学家常将企业家定义为能够推动创新、淘汰陈旧技术的个人(Schumpeter,1942),他们愿意承担经济风险(Knight,1921;Kihlstrom and Laffont,1979),或者是具备广泛技能的多面手(Lazear,2005)。而政策制定者通常将企业家视为创造就业和推动经济增长的引擎。基于 Hurst 和 Pugsley(2011)对美国创业者的分析结果,可以得出结论,只有极少数小企业主计划将新创意推向市场或进入未开发市场;相反,大多数小企业主更倾向于为已有市场提供现有服务。此外,值得注意的是,研究者还发现,大多数小企业主并没有意愿以可观察的方式扩大规模或进行创新,它们通常仅为现有的客户群体提供相对标准化的产品或服务。

其次,小微企业主的创业动机呈现出多样性。其中,非经济收益在许多小微企业主的创业动机中占据重要地位。Hurst 和 Pugsley(2011)根据美国企业统计数据发现,许多小企业主选择创业是出于对小企业控制权和灵活性的重视。随着企业规模的增加,这些非经济收益可能会减少,因此那些看重这些动机的企业主更倾向于保持较小的企业规模。Hamilton(2000)的研究则指出,随着时间的推移,小企业主的累计收入中位数低于他们作为雇员获得的收入。尽管考虑到个体经营者倾向于低报收入的可能性,这个结果在 Hamilton(2000)的研究中会有所减弱,但后来的研究仍然显示个体经营者的中位数收入低于他们作为雇员时的薪资收入(Hurst et al.,2014)。此外,值得关注的是,Hurst 和 Pugsley(2011)的研究还发现,许多美国小企业主都拥有高技能背景,如律师、医生、牙医等。这些企业主的正规教育年限并不会对其创业决策或小企业的生存态势产生显著影响。而且,只有少于4%的美国小企业主声称是由于缺乏就业机会而选择创业。从这个意义上说,美国小企业主似乎并不是"不情愿的企业家"。

与发达经济体相比,学者们对于发展中经济体中小微企业主的创业动机进行了更加深入的研究。La Porta 和 Shleifer(2008)以及 Banerjee 和Duflo(2011)的综述显示,在发展中国家,大多数小企业并没有表现出可见的增长或创新趋势。这些企业主在创业时追求的是对企业的控制权和灵活性,而缺乏就业机会则是驱动他们创办企业的主要因素。此外,Banerjee 和Duflo(2011)的研究证实了发展中国家中存在"不情愿的企业家",这些企业主的个体小企业往往缺乏增长性,利润较少,企业主仅仅是因为在大企业中找不到工作机会才选择自主创业。Abdesselam 等(2004)的研究发现,失业率上升时,越来越多的失业者决定创办自己的企业。CHFS 2015 调查数据也显示,在城市地区从事创业的中国小微企业主中,超过 50%的企业主将非经济收益视为创业的主要动机,如"想成为老板"或"寻求更大的灵活性和自由";相比之下,只有 23.69%的小微企业主报告称他们创业是因为创业收入可能高于就业收入,而有 20.96%的小微企业主则是因为找不到其他工作机会而选择创业。

再次,绝大多数小微企业始终保持较小的规模。这些幸存的小微企业通常并未经历显著的增长,它们在创立时规模较小,且在整个生命周期中维持较小规模。此外,许多存续的小企业并没有朝着创新的方向发展,只有少数的小微企业会在研发、专利取得、版权或商标保护（包括公司名称）方面进行资源投入（Hurst and Pugsley，2011）。某些企业之所以保持较小规模，可能是因为它们所处行业的自然有效规模本身就相对较小。例如，许多小企业主从事诸如牙医、水管工、房地产和保险代理人、小店主或美容师等工作，在这些工作所属的行业中生产力直接与个人技能相关，并且生产中的固定成本相对于可变成本可能较少，因此这些行业中的企业的最优规模通常较小。由此可见，进入这些行业的小企业主可能从一开始就没有明显的增长预期。这种情况使得这些小微企业对那些出于非经济收益动机创业的企业主来说尤为具有吸引力。

最后，正规小微企业与非正规小微企业的区别在于有无创新精神。这种创新精神是导致正规和非正规小微企业之间增长差异的主要因素。一般情况下，非正规小微企业的创立多是出于生存的需要，其所有者可能缺乏天生的创业意识。相比之下，正规小微企业通常受到创业精神的驱动，从而表现出更高水平的增长潜力。非正规小微企业通常指未进行工商登记注册、多采用现金交易、没有企业专用银行账户的企业，常见于街头摊贩或家庭作坊式企业；它们往往不严格遵守相关规定和纳税法规，而正规小微企业则在当地政府规划的商业区域内拥有固定的营业场所。然而，在现实中，对正规和非正规小微企业的划分存在一定模糊性，有些企业可能虽然获得了经营许可证，但并未缴纳社会保障费用，因此介于正规和非正规之间。

非正规小微企业相较于正规小微企业而言，规模要小得多，生产率也较低。其中一个重要原因是非正规小微企业的企业主人力资本水平较低。这种低生产率也在其较低的增长率中得到体现。La Porta 和 Shleifer（2008）研究发现，非正规企业的就业增长率大大低于正规企业。在世界银行的企业调查中，一般的非正规企业已经存在了将近十年，即使在正规企业迅速增长的时期,它们的发展也相对有限。尽管非正规小微企业的创新意愿较弱,但由于准入门槛低、数量众多,因此它们在发展中国家支撑国民经济增长和提供就业方面具有至关重要的作用。

企业选择正规或非正规形式是内生化决策的结果。世界银行2009年的企业调查询问了非正规企业的受访者对企业注册(即正规化)可能带来的好处的看法。有75%的非正规企业受访者将"更容易获得融资"视为企业正规化的好处之一,这在一定程度上说明了低资金需求预期是企业主选择非正规形式的一个原因。表2.2汇报了基于本书使用的两个数据集的中国正规和非正

表2.2　小微企业行业分布

数据行业	CHFS 2015		CMES 2015	
	频数	比重(%)	频数	比重(%)
制造业	277	6.51	552	26.69
建筑业	289	6.79	66	3.19
批发业	245	5.76	196	9.48
零售业	1 724	40.53	266	12.86
住宿业	54	1.27	18	0.87
餐饮业	496	11.66	30	1.45
软件和信息技术服务业	72	1.69	63	3.05
交通运输业	297	6.98	25	1.21
邮政业	8	0.19	1	0.05
采矿业	9	0.21	13	0.63
房地产开发经营业	11	0.26	14	0.68
仓储业	8	0.19	2	0.10
租赁和商务服务业	222	5.22	194	9.38
物业管理业	8	0.19	10	0.48
信息传输业	24	0.56	31	1.50
电、热、燃气及水生产和供应业	39	0.92	16	0.77
农、林、牧、渔业	—	—	365	17.65
金融业	—	—	27	1.30
其他	471	11.07	179	8.66
合计	4 254	100	2 068	100

资料来源:基于 CHFS 2015 和 CMES 2015 相关数据整理得到。

规小微企业在各行业的分布情况。可以看出,小微企业在某些行业呈现出聚集的趋势,主要分布在零售业、餐饮业、交通运输业、建筑业、制造业、批发业、租赁和商务服务业以及软件和信息技术服务业等领域,这反映了中国的小微企业主要集中在那些平均生产规模较低的劳动密集型行业。

2.4　小微企业融资渠道

企业在生产经营过程中经常会出现资金短缺的现象,需要通过银行贷款、民间借贷、商业信用等渠道融入资金以维持日常生产经营、扩大再生产、研发与创新等经营或投资活动。不管从理论还是实践的角度来看,融资都是小微企业成长过程中的重要课题。在理论方面,早期学术界仅仅把小企业当作"规模小的大企业",直接套用传统企业融资理论来分析其融资行为,但目前学术界逐渐认识到小企业融资行为的特殊性,并对这种特殊性进行深入和多角度的分析。此外,学者们也对实践中一些具体的小企业融资现象展开探讨。在实践方面,世界各国,甚至包括一些国际发展组织都成立了专门服务于中小微企业融资的部门,如美国小企业管理局就积极创造条件为中小微企业融资提供切实可行的支持和帮助,这在很大程度上缓解了中小微企业的融资困境。

从获取资金的来源来看,企业融资包括内部融资和外部融资。内部融资的资金来自企业内部,主要指企业的自有资金和从历年实现的利润中提取或形成的留存于企业中的内部积累。内部融资是企业将内部储蓄转化为投资的过程,其间不涉及任何中介,具有自主性、低成本、有限性等特点。外部融资是指资金从企业外部融入,即企业通过一定方式向企业外的其他经济主体筹集资金。按照融资是否通过金融中介,外部融资又可分为直接融资和间接融资。直接融资是指企业直接从投资者手中获得资金,即企业与投资者直接达成融资协议,包括股权融资(例如股票和私募股权),以及债券融资、商业信用、融资租赁等形式的债权融资。银行信贷属于间接融资,民间借贷中一些从非正规金融机构的借贷也属于间接融资。

由于与生俱来的信息不透明问题,小微企业可得的融资渠道狭窄。毋庸置疑,对绝大多数小微企业而言,因为缺乏信用记录和合乎标准的信息披露,从资本市场上通过股票、债券等方式获得融资几乎是遥不可及的。非交易所交易的股权融资方式,如风投、私募等股权投资的体量相对较小且覆盖范围有限,并且风投机构对投资对象的筛选往往较为严苛。能够获得风投机构投资的小微企业非常少,而且这些企业通常需要具有非常高的增长潜力,往往集中于知识密集型、高科技行业(Berger and Udell,2002)。因此,接下来将重点介绍银行贷款、民间借贷和商业信用等小微企业传统融资渠道。

2.4.1　银行贷款

1. 金融机构的功能

银行等金融机构在市场资本配置中扮演着关键角色,是资金提供者和资金使用者、储蓄者和借款人、投资者和企业的中介。20世纪70年代以来,运用信息不对称理论解释金融中介的存在是金融机构理论的研究热点。信息不对称产生的逆向选择和道德风险问题都会导致金融市场失灵。理论模型表明,金融机构、市场和制度是在应对信息不对称和交易成本①影响的过

---

①　这些摩擦包括获取信息、执行合同以及交换货物和金融索赔的成本。

程中出现的。正如 Carosso(1970)所指出的那样,评估企业、企业管理者和市场状况是困难且昂贵的。个人储蓄者可能没有时间、能力或手段去搜集和处理有关企业、管理人员和市场状况的信息,但是储蓄者也不愿意投资没有可靠信息的项目。因此,高昂的信息成本可能会阻碍资本流向具有最高价值的用途。信息搜集成本和交易成本为金融市场和金融机构的出现创造了动力(Diamond,1984)。节约信息的获取成本有利于潜在投资者获取投资机会,从而改善资源配置。因此,获取和处理信息的能力可能具有重要的意义,通过提高关于企业及其管理人员和经济状况的信息的传递效率,金融机构可以加速经济增长。除了识别最佳的生产技术外,金融机构还可以通过识别那些最有可能成功启动新产品和新的生产过程的企业家来提高技术创新的速度(King and Levine,1993c)。在改善市场摩擦的过程中,金融安排改变了经济主体的动机和面临的约束,金融体系影响了资源的跨时空配置,从而影响储蓄率、投资决策、技术创新和长期增长率(Merton and Bodie,1995)。

2. 小微企业"贷款难"

无论是在发达国家还是发展中国家,以银行为代表的间接融资在中小微企业融资中均发挥关键作用。基于美国 1993 年的全国小企业金融调查(NSSBF)数据,Cole 和 Wolken(1995)发现,超过一半的美国小企业有未偿还信贷,其中最常见的信贷形式是商业银行的信用授信(lines of credit)。基于同批调查数据,Berger 和 Udell(1998)分析了美国企业的资本结构,结果发现,债务融资额占美国小企业总资产的 50.37%,其中 32% 是从商业银行获取的,从其他金融机构获得的融资额占总债务的 15.7%。Robb 和 Robinson(2014)利用考夫曼企业调查(Kauffman Firm Survey)数据研究发现,美国新创小企业在很大程度上依赖银行信贷融资,而较少依赖亲友融资渠道。

从中国金融制度的演进路径和现状来看,中国的金融体系属于银行主导型,银行信贷融资是中国主要且比较成熟的融资方式,相关的法规和运作流程也比较完善,银行信贷融资在中国企业融资中较其他融资方式具有不可比拟的作用(万解秋,2001)。对小微企业而言,在众多融资渠道中,银行贷款一般最为便宜,通常是最佳选择。但是,一直以来,"贷款难"问题始终是制约中国小微企业生存与发展的重要因素。

小微企业"贷款难"的本质在于:信息不对称、风险高、收益低。信息不对称是小微企业"贷款难"的根源,由于小微企业缺乏规范的管理和信息披露,信用记录难以追溯,因此银行在面对信息不透明的小微企业时处于不对等的位置。风险是指损失发生的可能性,或者是收益的不确定性,相比于大中企业,小微企业的贷款风险更高。首先,小微企业贷款面临的项目风险较高。其次,小微企业往往处于准入门槛低、竞争激烈的行业,经营风险高。最后,由于小微企业规模小,其抗风险能力弱、死亡风险高,而与此同时,有效抵质押品、担保品不足使得小微企业贷款的高风险性得不到缓解。成本和收益不匹配是小微企业"贷款难"的另一个重要原因。信贷交易的达成需要一定的固定成本,小微企业的贷款业务具有单笔金额小、频率高的特点,从而使贷款银行的管理成本大大提高,单位融资要负担更高的固定成本,因此小微企业贷款相比于大中企业贷款规模更不经济。

在中国以大银行为主导的金融体系中,由于银行业的高度垄断,有限的正规信贷资源掌握在少数大银行手中。相比于投放效率低、管理成本高的小微企业信贷,资金量大且具有体制优势的大银行更倾向于服务大企业(马光荣、李力行,2014),而一直以来对小微信贷普遍不重视,只关注贷款流程的管控及抵质押保证措施的落实。大中银行不够重视其与客户之间的信息对称技术开发,缺乏缓解小微企业贷款信息不对称技术的研发投入,而小银行又无力突破本身的技术瓶颈。长此以往,中国银行业普遍缺乏对小微信贷风险进行定价的能力,这就导致金融机构对潜在的借款小微企业在财务信息、抵押物、担保方面坚持高安全性贷款审批和严风控模式。

由于缺乏处理小微企业特有的"软信息"的能力,为了防范放贷前的逆向选择和放贷后的道德风险问题,银行严重依赖抵押品和信用担保,普遍以贷款申请人提供充分的抵押或担保作为发放贷款的前提条件,长期以来形成了偏向于抵押品和担保的信贷文化。监管政策也延续了"抵押品崇拜"。但是,大多数小微企业资产规模较小,不具备银行要求的有效抵押品,而且难以提供担保,因此小微贷款要么成为不可能的选择,要么成本极高。此外,银行坚持大额贷款业务与小微贷款业务采用大体一致的审批流程,导致批贷时间较长,单笔贷款审批的人力、时间和行政成本基本相同。在此背景下,传统金融机构不愿意投入大量人力、物力向融资"期限短、频率高、需求急、金额小"的小微企业发放"零售"贷款,而是扎堆向地方政府、房地产企业、央企和信用资质优越的大型民营企业发放贷款。

2.4.2　非正规金融

与正规金融相比,非正规金融(informal finance)的内涵则较为宽泛,广义地说,非正规金融借贷包含了除正规金融机构之外的一切融资渠道[①],包括向亲戚朋友、私人钱庄、典当行、储蓄会、互助会(合会、标会或呈会)、高利

---

① 正规金融机构是指受到中央银行监管的所有金融机构,包括开发银行、商业银行、邮政银行、发展银行、信用社以及经合法注册的提供金融服务的非银行金融机构。

贷等借贷。①长期以来,在正规金融体系之外,从事各类社会集资、民间借贷等资金活动均被视为非正规的金融行为,有些甚至非法。非正规金融的最初形式是"自助小组"(self-help groups),小组内成员定期贡献等数量有价值的东西(可以是劳动、粮食、金钱或其他物品),这种做法体现了保险理论中风险共担的思想,主要发生在农户、私企之间。随着非正规金融的快速发展,借贷形式日渐丰富,借款用途也由传统的消费性用途向生产经营性和投资性用途扩展。近年来,除传统的民间借贷、高利贷、地下钱庄外,还出现了利用银行贷款、非法集资等非自有资金"转贷"出去谋取利差(俗称"对缝")的形式,且分布广泛,隐蔽性强和区域性特点明显。其中一些形式的民间借贷对金融体系具有潜在的危害,因此理解民间借贷对于防范系统性金融风险有现实意义。

在发展中国家和地区,非正规金融对于中小企业融资具有异常重要的作用,有效改善了中小企业信贷市场的资金配置效率(林毅夫、孙希芳,2005),极大地支撑了小微企业的融资需求。相比正规金融渠道,非正规金融借贷一般是建立在以血缘关系、地缘关系和商缘关系等社会网络为基础的信息平台上,借贷双方对彼此都有一定的了解,借款人往往无需提供抵押品或担保,手续简便,且随行就市,借贷期限灵活。非正规金融以私人相互信息对称和民间道德规范为基础,构建了"看不见的"自我筛选机制,相较于正规金融渠道具有独特的信息优势(Besley and Coate,1995)。面对信息不透明且缺乏充分担保或抵押的小微企业,非正规金融在搜集小微企业的"软信息"方面具有优势,有效地克服了信息不对称产生的逆向选择和道德风险问题,这正是非正规金融借贷广泛存在的根本性原因(林毅夫、孙希芳,

---

① 商业信用也属于民间借贷,但由于其在企业融资中的普遍性和重要性,因此本书单独讨论。

2005)。

　　然而，Hoff 和 Stiglitz(1997)证明，非正规金融的基础是以参与者的信用和相互之间的信任为基础的，而这种基于信任的契约随着涉及资金和借贷利率的增加而愈发脆弱，并容易引发道德风险。相比受严格金融管制的正规借贷，非正规金融借贷双方的责任和义务不明，借贷契约缺乏法律约束力，因此本身的风险无法有效控制。随着金融改革与发展的推进，纯粹自助和互助性质的非正规金融已经失去了普遍存在的社会基础。

　　此外，非正规金融借贷的利率变化幅度较大。通常而言，亲友之间的借款是无息或低息的，而从其他非正规借贷组织借款则往往伴随较高的利率。虽然目前尚缺乏官方调查统计数据来明确非正规金融借贷的利率情况，但"温州·中国民间融资综合利率指数"(也称为"温州指数")已被广泛接受作为全国性民间借贷利率的参考指标①，能够代表小微企业的平均融资成本。由于非正规金融借贷以诚信为基础，相关金融监管和法律约束相对不完善，其利率水平取决于资金供求，借款人的经济实力、资信等因素。现实中，有些民间借贷利率甚至触及高利贷的法律红线，导致借款人陷入沉重的债务负担，从而产生恶性循环。在 2023 年第二季度，从不同融资主体的利率水平来看，全国和地区性的民间借贷利率普遍在 11.3％ 到 18％ 之间，其中"温州指数"在这个时段为 15.07％，而典当行和担保公司的利率甚至高达 18.17％。相比之下，在 2023 年上半年，银行新发放的企业贷款的加权平均利率仅为 3.96％。这些数据凸显了不同融资渠道之间的利率差异，也进一步启示研究替代性信贷渠道对于维护小微企业主利益、防范系统性金融风险的意义。

---

　　①　该指数在全国设有监测点达 200 多个，涉及 22 个城市的当地金融办、温州商会、温州金融机构省外开设的村镇银行等，每周采集的样本量平均在 300 笔左右，采集信息涉及小额贷款公司、民间资本管理公司、民间借贷服务中心、农村资金互助会等金融中介，基本上涵盖了民间融资市场各类参与主体和各种借贷行为。采集的样本经审核后，根据专家确认的综合权重计算出周价格指数。

2.4.3　商业信用

商业信用是指利用预收账款、延期付款等方式融通资金的信用行为,是小企业短期融资的重要来源(Elliehausen and Wolken,1993;Petersen and Rajan,1997),它是指供应商允许购买企业赊账,即企业在获得商品或服务时可以不立即向供应商支付货款,而是延迟一段时间再进行支付,这就相当于供应商给企业提供了一个短期融资。其中,延期付款是商业信用的主要形式。[1]一般来说,商业信用是一种短期资金来源,用于企业就存货或应收账款(为其他企业提供商业信用)方面的资金融通。在现实环境中,企业往往既是商业信用的使用者,也是商业信用的提供者。

关于商业信用的使用,学界主要有融资优势理论和交易成本理论两种理论解释。融资优势理论认为,供应商相比于传统的金融中介在调查客户的信誉,以及更好地监督和强制借款人偿还欠款的能力方面具有优势(Schwartz,1974)。交易成本理论的核心观点则是商业信用可以降低支付账款过程中的交易成本(Ferris,1981),买方企业可能希望累积债务,按月或按季度支付,而不是每次发货都支付账款。从商业信用的使用方来看,首先,商业信用可以使企业更好地将销售商品的现金支出与销售的收入匹配。其次,与银行贷款相比,商业信用可以为企业提供更大程度的财务灵活性。再次,由于其循环性,商业信用余额会随着经营活动的临时波动而自然增加或减少,当企业遭遇临时性现金流问题时,企业会发现延迟支付的成本低于银行贷款的支付条件。

---

① 此外,从企业作为卖方的角度来说,商业信用是指企业在交付货物之前向下游企业或客户预先收取货款的信用形式。对于卖方企业来讲,预收账款相当于向买方借用资金后用货物抵偿。

供应商通常与企业处于同一行业,对行业的特点和前景有较深刻的认识,因此相对于专业金融机构,供应商有更好的风险评估和控制能力。从这个意义上说,商业信用可能是更容易进入信贷市场的企业向那些难以进入信贷市场的企业提供中间融资的一种方式(Petersen and Rajan,1997)。此外,在法律不允许直接进行价格歧视的情况下,商业信用可以允许供应商利用信贷进行价格歧视或对供应商的产品质量提供保证。

商业信用的成本取决于企业的还款速度。企业可以在赊销合同到期前及时向供应商付款,并由此获得现金折扣,即按一定比例抵减应收账款;也可以等到赊销合同到期时,承担放弃现金折扣的利息成本,其利息成本的利率通常高于机构贷款人的贷款利率;或在约定还款日之后延迟付款,但在这种情况下,企业不仅不能享受提前还款的现金折扣,还可能承担额外的费用,如明确的利息费用或罚款,或者两者兼而有之。在金融市场不健全的发展中国家,中小企业更多地依赖商业信用。但是也有证据表明,小微企业更可能是商业信用的提供者而不是使用者,商业信用并不能解释低水平的正规金融体系和高速度的经济发展并存的"中国之谜"(Cull et al.,2009)。

2.5　小结

本章围绕小微企业及其融资问题展开,明确了研究的范围和对象,深入梳理了小微企业融资渠道的特点,为全书的研究奠定基础。小微企业在现代经济体系中占据重要地位,既是就业机会的创造者,也是创新的推动力,为激发社会经济活力注入不可或缺的能量。然而,由于其规模小、资金需求多样化等特点,小微企业在融资领域面临独特挑战。因此,深入研究小微企业融资问题、探究其融资渠道的特点,具有深远的现实和理论价值。

　　此外,明确研究范围有助于准确把握小微企业在融资领域的现状和问题,为深入研究提供基础。通过深入剖析小微企业融资渠道的特点,我们能揭示机遇和挑战,为制定切实可行的融资解决方案提供理论支持和实践指导。简而言之,本章不仅为后续内容提供逻辑前进的基础,也力图积极引导小微企业健康发展,提示在推动经济增长的过程中,为小微企业提供适当的融资支持将激发其创新活力,扩大其市场份额,为整个经济体系的繁荣注入活力。

第3章　理论基础和文献综述

　　本章的主要目标是从理论层面阐释小微企业群体信贷可得性低的问题,随后对实证章节中的相关文献进行梳理和总结,为后续的实证分析提供有力的理论基础。因此,本章首先回顾和梳理与小微企业融资密切相关的两个经典理论,即融资次序理论和信贷约束理论。通过对这两大经典理论的分析,我们从理论角度剖析信贷融资对小微企业融资的重要性和小微企业信贷可得性较低的成因。接着,通过区分供给侧和需求侧两方面的因素,对影响小微企业银行信贷可得性的主要因素进行归纳和梳理。对这些经验证据的分析有助于我们深入了解小微企业信贷可得性低的实际情况和原因。然后,我们探讨金融发展对经济增长的影响,即从宏观层面总结整体金融发展对经济增长的影响,在增进我们对二者间关系理解的同时,梳理信贷可得性影响小微企业动态变化的微观证据,以获得更具体的实证支持。最后则立足于当前小微企业信贷可得性低的现状,从企业主金融素养和自助融资策略两个方面探讨可行的解决途径。这些解决途径有望帮助小微企业克服贷款难题,促进其稳健发展。通过对以上这些内容的梳理和总结,我们将建立一个较为全面的理论框架,为后续实证章节的开展提供基础,并为解决小微企业的"融资难"问题提供有益的启示。

3.1 小微企业融资相关理论

3.1.1 融资次序理论

融资次序理论（pecking order theory）是 Myers（1984）在 Jensen 和 Meckling（1976）、Myers 和 Majluf（1984），以及 Ross（1977）的研究基础上提出的。该理论认为，由于信息不对称，企业的融资选择总是内部融资优先于外部融资，内部融资穷尽时再寻求外部融资；而在外部融资当中，又总是债务融资先于权益融资，即在债务融资不可得时才选择权益融资。因此，融资次序理论认为，企业融资应遵循内部融资—债务融资—权益融资的先后顺序。

就小微企业群体而言，担心所有权和控制权的丧失是很多小企业主没有完全遵循融资次序的主要原因。换言之，由于企业主较强的个人意志，小微企业的融资次序可能表现为"被截断的形式"（truncated form），即在任何供给条件下，某些特定类型的融资方式都不在小微企业的考虑范围内。例如，当有融资需求时，多数小微企业不会考虑通过外源权益融资获取资金，部分小微企业不会使用任何形式的长期债务融资，这主要涉及成本、独立权和控制权三个方面的原因（Howorth，2001）。Davidsson（1989）基于瑞典小企业样本的研究发现，当小企业的扩张与独立发展发生冲突时，企业所有者会优先选择保持企业的独立性，这反映了在小企业融资决策中控制权方面的考虑是一个重要决定因素。

有证据表明，由于担心控制权被稀释，小企业主会排斥外部权益融资，但排斥程度取决于小企业主是否为创始人,企业创始人通常相较于后加入所有者更看重对企业的控制权。Ang(1991)提出了所谓修正的融资次序理论,认为小企业首先选择内部融资(未分配股息),其次是所有者进一步的资金注入,最后才是外部债务融资。Ou 和 Haynes(2006)确定了中小企业通过股权融资以满足扩张需求的两种情况:第一种是中小企业面临财务困境,同时缺乏其他融资来源;第二种是现金流出超过了常规来源产生的现金流入。

相比于大中型企业,小微企业的融资模式表现为更偏好内部融资,同时也更依赖于债务融资,尤其是经常性的小额贷款。从融资成本上说,由于商业信用和信用授信额度是昂贵的融资形式,通常来说,企业会优先选择留存收益和银行贷款,但受其自身规模限制,小微企业内部资金腾挪空间有限,小额银行贷款仍是绝大部分小微企业融资的第一选择。经验证据表明,与银行建立了关系的小企业更不倾向于使用昂贵的商业信用(Petersen and Rajan,1994)。

3.1.2 信贷约束理论

信贷约束理论一直是小微企业融资研究者的主要分析工具,学术界对于信贷约束的生成机制有着各种理论解释,其中 Stiglitz 和 Weiss(1981)基于信息不对称所建立的银行信贷配给理论,以及 Kon 和 Storey(2003)基于交易成本所建立的自我信贷约束理论最具影响力。

1. 以信息不对称为基础的银行信贷配给理论

完美信息市场是许多经济理论的一个基本假设,即认为所有市场参与者始终拥有相同的信息,但在现实情况下,信息不对称现象普遍存在。信息不对称也称"信息失灵",是指经济交易双方所拥有的信息存在差异。Akerlof(1970)发表的开创性文章——《柠檬市场:质量的不确定性和市场机制》,被公认是信息不对称经济学中最经典的文献之一,其基本结论是,买卖双方的信息不对称产生逆向选择和道德风险问题,并最终导致高质量商品被逐出市场,而劣等品逐渐占领市场。银行等金融机构向企业提供信贷资金本质上是一个委托—代理问题,在这个问题中,银行(作为委托人)利用企业(作为代理人)来产生预付款的回报,这个借贷活动是在借贷双方信息不对称的情况下发生的(Berger and Udell,1993)。

信息不对称源于借贷活动中供需双方掌握的信息及质量的不匹配,是小微企业信贷供给过程中的核心问题。信贷市场的信息不对称可能是事前就有的,借款人往往比贷款人更了解投资项目的质量、预期收益分布或项目成功的可能性,导致贷款人在进行贷款审批时,难以分辨单个借款人的风险状况。①因此,处于信息劣势的贷款人会通过索取额外的利率溢价(提高贷款价格)来对冲信息风险。但当贷款价格提高时,低风险借款人(尽管其投资项目有正的净现值)因超出预期的高利率而逐渐退出信贷市场,而高风险借款人留在信贷市场,导致整体的贷款违约可能性上升,即逆向选择问题。

信贷市场的信息不对称也可能是事后的,一旦借款企业的贷款申请获得批准,贷款人往往难以掌握借款企业的资金使用情况。在这种情况下,较低的违约成本和有效监督机制的缺失,可能导致借款企业受到自身利益的驱使,不遵循最初约定的投资计划和资金用途,而是将贷款资金投入高风险的项目。这一行为会增加潜在违约风险,从而引发道德风险问题。

由于银行的期望收益取决于贷款价格和借款人贷款违约概率两方面,因此,在信息不对称的信贷市场,银行等金融机构并不能完全依靠贷款价格机制(利率)进行贷款决策。为了应对逆向选择和道德风险问题,面对贷款的

---

① 借款人包括自然人、法人或组织机构;贷款人也包括自然人、法人或组织机构。

超额需求,银行并不会进一步提高利率,而是选择能使其预期收益最大化的利率水平对贷款申请者实行配给,该利率水平低于信贷市场出清时的竞争性均衡利率(Jaffee and Russell,1976;Stiglitz and Weiss,1981;Whette,1983;Williamson,1986)。Jaffee 和 Russell(1976)的研究证实,当贷款人无法辨别借款人的质量时,市场利率会上升,而且贷款规模会受到限制。因此,信贷配给涵盖了以下两种情况:(1)在银行标明的利率下,所有借款申请人的信贷需求只能得到部分满足;(2)银行对不同的借款人实行差别对待,其中一部分信息较对称的借款人的贷款申请被批准,而另一部分则被拒绝,即使被拒绝的申请者愿意支付更高的利率,他们也无法获得贷款。在市场经济条件下,小微企业的融资困难主要出于第二种情况。Stiglitz 和 Weiss(1981)的理论模型(以下简称 S-W 模型)证明了在信息不对称的信贷市场中,信贷配给将成为市场的长期均衡状态。为便于后续实证分析的开展,接下来,我们将简要回顾 S-W 模型中这一核心结论的推导过程。

银行的期望收益是由贷款价格 R 和借款人的偿还概率共同决定的。银行使用各种筛选机制来甄别"好的"借款人和"差的"借款人。借款人愿意支付的利率可以作为一种甄别工具,那些愿意支付高利率的借款人平均风险更大,他们之所以愿意以高利率借款,是因为他们认为自己偿还贷款的可能性较低。随着贷款利率的上升,借款人的平均风险会增加,这可能会降低银行的利润,即出现逆向选择问题。随着利率和其他合同条款的变化,借款人的行为也可能发生变化。例如,提高利率会降低项目成功的回报,因此较高的利率会诱使借款企业转向成功概率较低但成功后回报较高的项目,即高风险高回报的项目。这便构成了贷款事后的道德风险问题。

由于银行无法准确识别每个潜在借款人的附带风险水平,银行会选择无差别地提高平均贷款利率 $\bar{R}$,这会导致两个效应:一是在借款人有贷款偿付能力时,贷款利率的提高会带来银行收益的增加;二是提高准入借款人的风险水平 θ^*,从而导致贷款申请人的平均风险水平也"水涨船高"。因此,银行的期望利润是增加还是减少取决于哪个效应占主导。在期望利润最大化的目标下,银行通过拒绝一部分借款人的贷款申请实行信贷配给,而不是一味地提高贷款利率,可能才是其最优决策。

银行期望收益与贷款利率之间的关系如图 3.1 所示。银行预期收益的增长速度可能低于利率的增长速度;并且,超过一个值后,银行预期收益可能会减少。银行预期收益最大化的利率被称为"银行最优利率"($\hat{r}^*$)。贷款需求和资金供给都是利率的函数(资金供给由 $\hat{r}^*$ 的预期收益率决定)。显然,可以想象在某一点会出现资金的需求超过资金的供应的情况。传统的分析表明,在贷款存在超额需求的情况下,需求未得到满足的借款人会向银行支付更高的利率,直到需求等于供给。但是,在信息不对称的信贷市场,尽管贷款利率在 $\hat{r}^*$ 时,贷款供给不等于需求,但它仍是均衡利率。银行不会贷款给那些愿意支付贷款利率超过 $\hat{r}^*$ 的借款人。根据银行的判断,这种贷款的风险可能比平均利率 $\hat{r}^*$ 的贷款更大,而利率高于 $\hat{r}^*$ 的贷款的预期收益率实际上低于银行目前贷款的预期收益率。因此,在逆向选择的背景下,不存在使信贷供给与需求相等的竞争力量,也就是说,银行信贷配给是一种长期均衡状态。

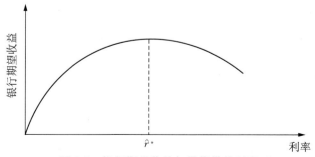

图 3.1   银行期望收益与最优贷款利率

资料来源:Stiglitz 和 Weiss(1981)图 1。

　　理论上,信息不对称程度可以通过两个渠道降低:抵押品、担保要求或者关系型借贷。理论分析表明,提供充分的抵押物可以有效缓解逆向选择问题(Stiglitz and Weiss,1981;Bester,1985;Chan and Thakor,1987)。具体来说,那些在 S-W 模型中选择退出的低风险借款人可以通过提供适当水平的抵押品来表明自己的状况。借款人一旦违约,抵押品将交付贷款人支配,借款人不还款的成本提高,他们主动违约的意愿也将减弱,因此抵押品可以作为一个信号帮助银行甄别较低风险的借款人。Binks 等(1992)指出,对银行来说,以适当的资产(最好是个人自有资产)作为贷款抵押品可以让好的项目进行自我选择,银行通过设计贷款合同对借款人的类型进行区分:高风险借款人选择支付高利率而没有抵押物,而低风险借款人提供抵押物并获得较低的利率。除逆向选择问题外,道德风险问题也可以通过使用抵押品来规避,银行要求借款人提供抵押品,特别是个人抵押品,可以创造一种激励,以确保企业管理者将尽其所能运作项目(Bester,1987)。但Stiglitz 和 Weiss(1981)认为,即使银行要求贷款申请人提供抵押物,逆向选择问题仍然不可避免,信贷配给仍会持续存在。因为低风险借款人通常投资回报较低,且投资回报现金流的产生较为缓慢,经过一段时间后,可提供的资产相对于高风险借款人而言更少,因此银行的抵押品要求可能会与贷款利率上升一样成为信贷配给的内生机制(Whette,1983)。

　　解决信息不对称问题的另一种机制是在借贷双方之间建立紧密的关系。虽然完美的信息是一个无法实现的目标,但银行可获得的信息数量和质量将受到与企业之间关系的性质的影响(Berger and Udell,1993)。紧密稳定的关系有助于银行更好地了解潜在借款企业所面临的经营环境,更清晰地了解企业所有者的管理特质,以及更精准地了解企业的发展前景。在关系型贷款技术下,贷款银行通过长期多渠道的金融交易来获取并积累企业的私有信息,从而有利于减轻银行与企业之间的信息不对称问题,并降低银行对企业硬信息的需求。信息不对称的减少反过来可以减轻企业的外部资金约束,促进更好的资源配置(Sharpe,1990)。

遗憾的是,上述这两种渠道在中国小微企业的信贷支持中均受到极大的抑制。首先,由于小微企业普遍资产规模较小,缺乏可用于贷款的有效担保或抵押资产,因此通过提供抵押担保来促进银行贷款可得的途径受限。其次,在中国由大银行绝对主导的金融体系背景下,以小银行为主力的关系型贷款的覆盖率较低。

2. 以交易成本为基础的自我信贷约束理论

正如前文所讨论的那样,贷款发放银行和借款人之间的信息不对称会导致非价格机制决定的均衡信贷配给。但需要说明的是,S-W模型中一个潜在的假设是有贷款需求的借款人都会向银行申请贷款。然而,一些研究指出,部分有贷款需求的潜在借款人并没有申请贷款,即所谓的"消极借款人"(Jappelli,1990),或"自我信贷约束的借款人"(Mushinski,1999)。潜在借款人不向贷款银行申请贷款,可能是因为预期贷款获得批准的概率很低,或是评估贷款申请的成本超过了预期的收益。这里的申请成本不一定特指金钱上的,也可能是精神上的(Kon and Storey,2003),比如,潜在借款人认为贷款手续过于复杂、审批时间长或对贷款政策和程序不了解等不能用金钱准确计量的有关成本。[①]忽视了"消极借款人"的存在,就先验地假设他们的信贷需求为零,这显然是不正确的(Levenson and Willard,2000)。经验证据表明,与S-W模型的银行信贷配给假说相比,有贷款需求却未提交贷款申请的自我信贷约束实际上更为常见(Levenson and Willard,2000;Freel

---

① 然而,对"精神"成本的经验测量是相当难以捉摸的。

et al.，2012；苟琴、黄益平，2014）。

Kon 和 Storey（2003）把"银行不完美的甄别过程"和"贷款申请成本"这两个因素引入标准的静态逆向选择模型，首次通过构建理论模型证明了"消极借款人"的存在。在一个有贷款申请却被拒绝和有需求却未申请贷款的情况共存的均衡框架下，Kon 和 Storey（2003）阐述了企业的贷款申请行为和银行的贷款审批决策，并分析了"消极借款人"存在的条件，接下来对 Kon 和 Storey（2003）提出的"消极借款人"理论模型的核心结论的推导过程进行简单回顾。

（1）信息不对称下的不完美甄别模型。

假设有两类借款企业：好企业（G）和差企业（B），并且每个企业都需要一个单位的资金用于项目投资。每类企业数量是外生给定的，分别是 N_G 和 N_B。基本假设如下：假设 1，信息不对称，即企业能够准确判断投资项目能否成功，但银行不能；假设 2，G 企业和 B 企业在各自类型内是同质的；假设 3，G 企业的投资回报是确定的 X_G，银行给这样的企业贷款总是有利可图的；假设 4，贷款给 B 企业为银行带来的回报是有风险的，如果项目成功，B 企业的回报率是 X_B，反之则为 0，B 企业项目投资的成功概率是 P_B，假设银行对 B 企业贷款的预期价值为负。

项目回报的不确定解释了 B 企业对贷款的需求。在缺乏抵押品的情况下，B 企业会选择借贷，原因在于如果项目成功，它们将从中受益，而如果项目失败，它们也不会蒙受损失。G_A 和 G_B 分别是申请银行贷款的 G 企业数量和 B 企业数量。G_A 和 G_B 是内生的，如果企业需要外部融资，它们可以选择向银行申请贷款或从其他替代渠道融资，可以称为"放债人"。企业是选择向银行还是向放债人借贷取决于申请成本、甄别过程和利率水平。由此引出下一个关于申请成本的假设 5：G 和 B 企业向银行申请贷款

的成本是固定的 K，而向放债人申请借款的成本总为 0。银行贷款的申请成本可以是财务成本、时间成本或心理成本。财务成本包括为了提供银行要求的信息而支付他人的费用。时间成本包括申请人填写表格、前往银行和与银行会面的时间。心理成本包括许多企业家在把自己和企业的信息传递给第三方时所经历的不舒适等。并且，增加假设 6：所有企业在申请银行贷款时都要经过筛选过程，而所有向放债人申请借款的企业都成功获得借款。

所有贷款申请人都向银行宣称自己是 G 企业。银行不能完全区分 B 企业和 G 企业，但是银行能够利用贷款申请人的可观察特征，如所有者年龄和受教育程度、企业年龄以及资金用途等，不完全地区分 B 企业和 G 企业。进而，得到假设 7：银行只能进行不完美的甄别，设 b_G 为银行错误地把 G 企业的贷款申请视为 B 企业的概率，g_B 为银行错误地把 B 企业的贷款申请视为 G 企业的概率。

如果银行可以完美地从贷款申请人池中识别出 G 企业，那么 $b_G = g_B = 0$。假设 8 假定所有的银行都是同质的，即所有的银行均采用相同的甄别程序，错误甄别率相同。因此，企业向另一家银行重复提出相同的贷款申请毫无价值，因为它们总是会得到相同的审批结果。此外，假设银行贷款利率为 D，放债人的借款利率为 D^*，其中均衡状态下 $X_B > X_G > D^* > D > P_B X_B$，也不考虑把抵押物作为银行或放债人借贷合同的附加条款。

（2）贷款申请与消极：银行的贷款决策模型。

当 G 企业向银行申请贷款时，结果是不确定的，申请可能成功获批，也可能被拒绝。如果贷款申请成功获批，企业从承担的项目中获得的总回报为 X_G。如果贷款申请被银行拒绝，企业则考虑从收取利率 D^* 的放债人那里为项目融资。

项目投资的融资来自放债人将产生一个 w 的收益,定义为利息支付给放债人后的净回报的价值,可视为申请银行贷款的机会成本。由于 D^* 被认为比 D 高得多,所以 w 比(X_G-D)低。因此,G 企业在支付利息后的收益情况是:如果贷款申请成功,G 企业以$(1-b_G)$的概率获得(X_G-D-K)的净收益;如果贷款申请被拒绝,G 企业以 b_G 的概率获得$(w-K)$的净收益。申请成本与甄别结果无关。申请成功的概率$(1-b_G)$对应于银行是否正确甄别出 G 企业。因此,G 企业申请银行贷款的预期净收益 Ey_G 如式(3.1)所示,G 企业不申请银行贷款的预期收益为 w:

$$Ey_G=(1-b_G)(X_G-D-K)+b_G(w-K) \tag{3.1}$$

因此 G 企业的贷款申请条件为:

$$(1-b_G)(X_G-D-K)+b_G(w-K)>w \tag{3.2}$$

式(3.2)可以改写为式(3.3)和式(3.4):

$$(1-b_G)(X_G-D-w)>K \tag{3.3}$$

$$X_G>D+w+K/(1-b_G) \tag{3.4}$$

式(3.4)的左侧表示 G 企业的收益,右侧为"有效借款成本",等于利息支出、机会成本和有效申请成本之和。由于申请人预期被错误拒绝的可能性,他们每笔贷款的有效申请成本 $K/(1-b_G)$ 高于 K。符合这个条件的 G 企业会申请银行贷款,构成申请群体 G_A。从式(3.4)中可以进一步得到:第一,X_G 和 D 对于所有的申请者是共同的,所以每个企业的申请决策取决于各自的机会成本和有效的申请成本。当其他融资来源的成本很高、申请成本 K 较低或 b_G(错误甄别率)较低时,银行贷款的申请率会很高。第二,当利率 D 较低或收益率 X_G 较高时,银行贷款的申请率较高。第三,如果所有企业的申请成本 K 为 0,则式(3.4)变为 $X_G>D+w$,意味着如果没有申请成本,银行因信息不足而进行的错误甄别不会抑制企业的贷款申请。当 D 和 K 较低时,不管银行错误甄别的概率有多高,所有的 G 企业都会申请贷款。在这种情况下,企业可以重复申请贷款而不产生成本,因此是否申请不受拒绝可能性的影响。

(3) 放松 G 企业同质的假设。

如果 G 企业都是同质的,在参数(X_G,b_G,K,w)相同的情况下,则每个 G 企业的行为是同质的,即所有企业都会申请银行贷款,或所有企业都不申请贷款。然而,G 企业异质性假设的引入表明,异质性与"消极"有关。异质性可能存在于上述四个参数中的任何一个参数,但首先假设它只存在于申请成本 K。两个例子可以反映企业在申请成本 K 的异质性:其一,企业在准备贷款申请的能力上存在差异,如成熟的企业可能更有寻求银行贷款的经验,或与银行建立了良好的关系,而初创企业需要付出更大的努力来获得资金;其二,企业可能在对银行的态度上存在差异,有些企业对贷款申请的心理准备不足,比如,在填写相关材料或向外部机构提供私人信息时感到不适。

每个企业的申请成本 K 被认为是企业的私人信息,为简化讨论,假设每个企业的 X_G、b_G 和 w 是相同的。每个企业 i 的特征是(X_G,b_G,w,K_i),式(3.4)由此变为:

$$X_G > D + w + K_i/(1-b_G) \tag{3.5}$$

定义 $\gamma_i = D + w + K_i/(1-b_G)$。可以认为 γ_i 是 G 企业中的第 i 家企业的"有效借款成本",在图 3.2 中记为 AC_G。图 3.2 展示了消极借款人存在的条件。其中水平轴是 G 企业根据 γ_i 按照升序排列。等实线显示了每个企业在完美信息下的 γ_i 水平,定义为 $b_G = 0$。这里可以看出,所有的 G 企业都是申请贷款且成功获得的,因为总收益 X_G 大于有效借款成本。但在不完美信息下,申请人会遭遇银行的甄别错误和申请成本[$K>0$;$b_G>0$],AC_G^b 移动到 AC_G',贷款申请的数量从 N_G 下降到 G_A。在此情况下,G_A 代表的"边际企业"的 γ_i 等于 X_G。在 G_A 的左边,AC_G' 低于收益,所以这些企业会申请银行贷款。但在 G_A 的右边,即便是 G 企业,也不会申请贷款,即为"消极借款人"。

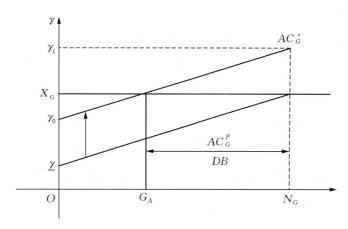

图 3.2 消极借款人和 G 企业

资料来源:Kon 和 Storey(2003)图 1。

3.2 小微企业银行信贷可得性的影响因素研究

3.2.1 供给侧视角下的信贷可得性研究

银行信贷供给不足被广泛认为是制约小微企业信贷可得性的重要因素。学者们从金融机构的视角对小微企业信贷可得性进行了深入研究,积累了丰富的研究成果。这些研究主要集中在以下几个方面:银行规模和银行业结构(Jayaratne and Strahan,1998;Jayaratne and Wolken,1999;Berger and Udell,2002;Berger et al.,2005;李志赟,2002)、银行业竞争(Petersen and Rajan,1995;Boot and Thakor,2000;鲁丹、肖华荣,2008;尹志超等,2015)、银行业合并及银行结构调整(Berger et al.,2001;Craig and Hardee,2007;张晓玫、潘玲,2013)、关系型贷款等(Petersen and Rajan,1994,1995;罗正英等,2011;尹志超等,2015)。

关于银行规模和银行业结构,较多的研究发现不同规模的银行在为小微企业提供贷款的行为决策上存在系统性差异,并且小银行对小微企业信贷可得性的重要性得到肯定。无论是在小企业贷款占银行全部贷款的比率上,还是在其占银行总资产的比率上,小银行的相关指标均显著高于大银行(Berger and Udell,1998,2002;Jayaratne and Wolken,1999;Berger et al.,2005)。对这种系统性差异的解释产生了"小银行优势假说"(Levonian and Soller,1996;Jayaratne and Wolken,1999)。小银行优势假说认为,小银行在使用难以量化的"软信息"为信息相对不透明的中小微企业提供贷款方面具有优势,而大银行更倾向于贷款给提供"硬信息"、信息相对透明的大企业。文献中对小银行优势的机理主要有以下几种解释:首先,小银行具有明显的地域性特征,因此能更灵活地与小微企业长期互动,获取企业的"软信息",并建立长期稳定的合作关系(Banerjee et al.,1994)。其次,银行贷款的审批和管理成本主要是固定成本,与贷款金额的大小关系不大,这导致大银行在为小微企业提供贷款时面临规模不经济的问题。再次,银行需要通过多样化的信贷资产配置来分散风险,大银行资产规模大,通常会选择在大中型企业之间分散贷款,而小银行受限于资产规模,更倾向于为中小微型企业提供贷款。最后,小银行的资产规模较小且市场势力有限,使其在与大银行竞争大客户时处于劣势,对大企业贷款的议价能力也较弱。

银行业竞争和银企关系对小企业信贷可得性也产生了显著影响,尤其是 20 世纪 80 年代和 90 年代西方国家的银行业兼并浪潮推动了银行业变革对小企业贷款影响的研究。银企关系的建立降低了融资成本和抵押品要求,促进了小微企业的信贷获得(Petersen and Rajan,1994,1995)。而银行业兼并导致小银行数量减少,形成更大规模和更复杂的金融机构,对银企关系型贷款可能会产生不利影响。尽管对于银行业兼并对小企业融资的影响有不一致的验证结果,但文献中仍然形成了一些共识:大银行之间的兼并通常会降低小微企业的贷款可得性,而小银行之间的合并且原有的贷款决策层级不改变时,对小企业的贷款会增加;银行业兼并对小企业贷款的影响受本地区其他中小金融机构的影响,即存在"外部效应",如果本地区存在可替代原有小银行的其他金融机构,那么小银行被兼并就可能不会导致对小微企业的贷款减少,具体的影响取决于其他金融机构是否增加对小企业的关系型贷款(Berger et al.,1998);此外,外资银行兼并本土银行或者银行间的跨区兼并通常会导致对小企业的贷款减少。

国内相关研究主要聚焦于小银行优势假说,并从银行业结构的角度探讨中小微企业的融资难题。林毅夫、李永军(2001)认为,中国金融体系高度集中,而且以大银行为主导,天生不适合为中小微企业服务,因此发展中小金融机构是解决"融资难"问题的关键。张捷(2002)在理论上证明了小银行在关系型贷款上的优势,而银企关系的密切程度对中小企业的信贷可得性具有显著的正向影响(罗正英等,2011)。姚耀军、董钢锋(2014)通过对中国中小企业板上市公司数据的研究发现,由中小金融机构推动的银行业结构变化有效缓解了中小企业的融资约束。尹志超等(2015)使用中国某地区2007—2013 年共计 124 681 笔中小企业信贷交易数据发现,银行业竞争对借贷成本有显著的负向影响。然而,也有少数研究的结果不支持小银行优势的观点。李华民、吴非(2019)基于广东省的调研数据发现,大银行在面向小企业融资时拥有明显的比较优势。杨丰来、黄永航(2006)认为,不完善的中小金融机构体系可能会加剧中小企业的融资难题,并指出中小企业特殊的治理结构是造成问题的内在因素。

此外,制度环境、货币政策和金融自由化等企业外部环境也是影响中小微企业外部融资可得性的重要因素(Berger and Udell,1998;Beck et al.,2004;周业安,1999;樊纲,2000;张杰,2001;何韧等,2012)。

3.2.2 需求侧视角下的信贷可得性研究

新制度经济学派的代表加尔布雷思(Galbraith)从权力核心出发,将企业分为"企业家的企业"和"成熟的企业"。绝大多数小微企业属于"企业家的企业",其中权力由所有者兼经营管理者掌握,治理结构欠完善,非程序化决策在企业中占重要地位。因此,与一般大中企业不同,小微企业的特殊性决定了企业自身特征和企业主的个人特征对企业外部融资可得性均具有重要的解释力(Cassar,2004;Coleman,2007)。

既往研究发现,影响小微企业信贷可得性的企业特征包括企业年龄、规模、组织治理结构、盈利能力、流动性、资产负债率、信用记录、地理位置、行业及所有制等(Petersen and Rajan,1994;Berger and Udell,1995;Cole,1998;Coleman,2002;Asiedu et al.,2012;Cole and Sokolyk,2016;张捷、王霄,2002;张杰等,2013;苟琴等,2014);影响小微企业信贷可得性的企业家特征既包括人口统计学特征(如性别、年龄、种族、受教育程度以及个人财富等),也包括一些行为属性特征(如工作经验、乐观主义等)。

1. 企业特征与小微企业信贷可得性

企业特征变量作为信息不对称严重程度的代理指标,是影响小微企业信贷决策和信贷可得性的重要因素。企业金融成长周期理论认为,企业的信息条件在不同成长阶段会有所不同(Berger and Udell,1998;Cassar,2004)。企业在初创阶段信息不透明程度最高,随着时间的推移情况逐渐改善,因此企业年龄是影响企业外部金融可得性的重要因素。企业年龄通常也被视为企业质量的一个代理指标,因为存活年数可能包含了生存能力、管理质量以及声誉资本的积累等重要信息(Diamond,1991)。此外,年龄大的企业的业务记录时间较长,信息缺口也相对较小(Petersen and Rajan,1994;Cressy,1996)。与此同时,企业规模也与信息不对称程度密切相关,相较于大中型企业,小微企业在信贷市场上处于劣势。学者们对此给出了丰富的解释,如小微企业相较于大中型企业失败的概率更高(Jensen and McGuckin,1997),贷款申请审批成本更高,并且银行对小微企业贷款使用的监督和管理成本也更高。此外,规模较小的企业往往拥有更少的有效抵押品,规模扩大可能降低企业单位破产成本(Vijverberg,2004)。

小微企业特殊的治理结构也是影响企业信贷可得性的重要内在因素(杨丰来、黄永航,2006)。绝大多数小微企业的所有者兼任经营管理者,导致企业的所有权和经营权高度统一。一般来看,治理结构主要包括无正规组织形式、个体工商户、独资企业、合伙企业、有限责任公司和股份有限公司等。从企业的债务责任来看,无正规组织形式的企业、个体工商户、独资企业以及合伙企业的所有者对企业债务承担无限连带责任,道德风险相对较低。因此,金融机构通常将对企业的信贷转化为对企业所有者个人的信贷,要求企业主为企业提供个人抵押或担保。另一部分文献认为,企业的组织注册形式是内生选择的,是企业主在信贷可得性、税收与法定审计费用和公共信息之间进行权衡后的结果。高度组织化的治理结构反映了企业运营的可靠性和规范性，被银行视为良好的信号。Freedman 和 Godwin（1994）发现，公司注册制企业会增加银行融资的使用。Cassar（2004）发现，公司制企业更有可能依赖于银行融资。企业主选择个体工商户、独资企业和私人合伙形式来经营小微企业，可能是出于经营实体本身缺乏融资需求的考量。对于家族企业，所有者是企业资产的剩余索取者，因此往往采取更为保守的投资策略，从而降低贷款风险（Jaffee and Stiglitz，1990）。Pagano 等（1998）发现，企业的融资约束与其信贷记录有着密切的关系，良好的信贷记录可以提高企业的声誉并且放松融资约束，从而帮助企业以较低的成本获得外部融资。信用记录不良的企业（例如，破产、拖欠当前债务和判决或低信用评分的企业）则不太可能获得贷款（Blanchflower et al.，2003；Cavalluzzo and Wolken，2005）。一般来说，企业良好的经营表现向银行传递了企业未来现金流预期稳定的信号，从而使其更容易获得银行贷款。

地理距离也是企业银行贷款可得性和贷款定价的重要决定因素。根据区位差异模型（Salop，1979；Hotelling，1990），借款企业在拜访银行分支结构时会产生与距离相关的交通成本。银行可以根据这些信息对贷款利率进行空间价格歧视。银行对借款企业进行贷款价格歧视主要有两个原因：一是借款企业申请贷款时需要承担与距离相关的交通费用，距离贷款银行较近的借款企业在拜访竞争银行时将会面临更高的交通成本，从而给贷款银行带来一定的市场势力，因此贷款银行可以向距离较近的企业索取更高的贷款利率（Lederer and Hurter，1986）。二是银行对借款企业的监管成本也与地理距离呈正相关，银行走访借款企业的营业场所会产生额外的通信成本或交通成本。Degryse 和 Ongena（2005）发现，企业贷款利率随着企业与贷款银行之间距离的增加而降低，而随着企业与竞争银行之间距离的增加而增加,这与空间价格歧视理论的预测是一致的。

此外,现有研究表明,不同行业企业的融资需求和融资决策存在差异。不同行业在生产要素的投入结构上存在显著差异,例如,一般工业企业的资产规模及固定资产在其总资产中的占比远高于零售业等服务行业的企业,且可供抵押的资产也更多。因此,相较于服务业小微企业,工业小微企业获得贷款的可能性相对更高。由于不同行业在初始投资规模、项目周期以及追加进一步投资的需求等方面存在差异,各行业对外部融资的依赖程度也不同(Rajan and Zingales,1998)。Chakraborty 和 Mallick(2012)的研究表明,中小企业的平均信贷缺口为 20%,且不同行业的信贷缺口之间存在较大差异。银行常常使用行业分类来评估借款人的信用质量,行业异质性在很大程度上影响了信贷配给机制(Cole,1998;Rajan and Zingales,1998;Beck and Levine,2002)。

2. 企业主特征与小微企业信贷可得性

基于 1993 年美国小企业调查数据,Coleman(2002)对比了男性和女性所拥有的小企业在信贷可得性和资金成本方面的差异。结果发现,尽管小企业信贷融资在企业主性别上没有表现出明显的差异,但女性所拥有的企业使用外部融资的可能性要低于男性,且女性所拥有的企业支付的贷款利率更高,并且更可能被要求提供抵押品。Muravyev 等(2009)的跨国数据研究同样发现,相较于男性管理的企业,由女性管理的企业获得银行贷款的可能性更低,并且给定贷款申请成功获批,由女性管理的企业被索取的贷款利率更高。

企业家年龄也会影响个人融资偏好。Vos 等(2007)的研究发现,年轻的所有者更倾向于使用外部融资;而 Adler 和 Kwon(2002)的研究发现,随着企业和所有者的成长,信息不对称程度降低,获得外部融资变得更加容易,因此企业家的年龄增长对企业获得信贷有积极影响。

受教育水平和先前获得的经验可以传递出人力资本的信号。企业主的受教育程度越高,企业获得传统债务投资的可能性越大(Carter et al.,2003)。高等教育成就提高了企业主获得商业银行贷款的能力(Fabowale et al.,1995),使他们能够积累个人财富,更容易获得外部资金,以及改善利益相关者的财务支持(Hanlon and Saunders,2007)。Nofsinger 和 Wang(2011)的研究发现,企业家经验是企业初创期外部融资状况的一个重要解释变量。企业家经验有助于克服初创企业所面临的信息不对称和道德风险问题,并且有助于从机构投资者那里获得资金。

Cavalluzzo 和 Wolken(2005)的研究发现,企业家个人财富在企业银行贷款的获得过程中发挥重要作用,较高的个人财富水平伴随着较低的贷款申请被拒可能性,这是因为企业家个人财富的多寡反映了企业的偿债能力,而且个人信息比小微企业本身的信息更加真实可靠,企业家较高的个人财富向外界传递了企业高质量的信号。同时,巨额的个人财富也可以缓解道德风险,从而增加贷款偿还的可能性(Avery et al.,1998)。Dai 等(2017)研究了企业家的乐观主义对小企业信贷融资的影响;结果显示,乐观的企业家不受信贷歧视,并且信贷融资成本更低。

国内学者对企业家个人特征影响企业融资的研究主要集中在企业家的人口统计学特征、财富水平和风险态度等方面。罗正英等(2010)以 1999—2004 年非国有控股中小企业上市公司为样本,考察了企业家的财富集中度和风险态度对企业信贷可得性的影响。结果发现,企业家财富集中度和所处地区的金融市场化程度对中小企业的银行信贷融资可得性具有积极影响,但企业家的风险厌恶程度与银行信贷融资可得性没有明显的相关关系。基于 2010 年中国 530 家上市中小企业的样本,陈晓红、高阳洁(2013)分析了受教育程度、年龄、性别等企业家人口统计学特征对中小企业融资约束的影响及其作用机制。他们的研究发现，企业家较高的受教育程度有助于缓解中小企业融资约束；年龄对中小企业融资约束产生显著的 U 型影响；然而，企业家性别为女则对缓解中小企业融资约束产生消极影响。这些发现为理解企业家人口统计学特征对融资约束的影响提供了重要的经验支持。

3.3　信贷可得性、小微企业发展与经济增长

3.3.1　金融发展与经济增长

金融市场对实体经济活动的影响一直是经济学和金融学的研究热点。对金融与经济增长二者关系的争论可以追溯到 19 世纪中期。早期的经济学家对金融业在经济增长中所扮演的角色存在严重分歧。消极的观点认为，金融只是经济增长的副产品或结果，金融市场的任何演变都只是对经济增长的被动反应，随着实体部门的扩张和增长（比如，由于技术进步或劳动生产率的提高），其对金融市场产生更多的和更新的需求，这反过来将施加或加强压力，迫使市场建立更大、更复杂的金融机构，以满足对其服务的新需求（Robinson，1952；Patrick，1966）。金融市场是随着增长的实体经济对其服务需求的增加而发展的，这种观点通常被称为"需求追随假说"（demand-following hypothesis）。相反，积极的观点则认为，运转良好的金融机构可以促进整体经济效率提高，创造和扩大流动性，动员储蓄，提高资本积累以及优化资源配置。该观点通常被称为"供给领先假说"（supply-leading hypothesis），即有效金融市场的存在增加了金融服务的供应，且领先于实体经济部门对金融

服务的需求(Bagehot，1873；Schumpeter，1912；Goldsmith，1969)。除了上述两个截然不同的假说外，还有一种观点结合了"需求追随假说"和"供给领先假说"，即认为这两个假说都是有效的，金融与实体经济增长二者之间存在双向的因果关系(Greenwood and Smith，1997)。因此，仅仅发现金融与实体经济增长的高度正相关性并不能证明二者的因果关系。Goldsmith(1969)尝试评估金融发展是否会对经济增长产生因果影响，以及在一个经济体中市场和中介机构的混合是否会影响经济增长。为此，他仔细整理了1860—1963年35个国家的金融机构资产占国民生产总值比重的数据，并以此来衡量金融发展水平，其潜在假设是金融体系的规模与金融服务的提供和质量呈正相关，研究的图表分析显示，如果考虑几十年的周期，经济发展和金融发展大致是平行的。在 Goldsmith(1969)研究成果的基础上，King和 Levine(1993a)基于77个国家1960—1989年间的统计数据，在系统地控制了影响长期增长的其他因素后，考察了长期增长、资本积累和生产率提高的渠道，构建了衡量金融发展水平的替代指标，分析了金融发展水平能否成功预测长期经济增长、资本积累和生产率提高。他们发现，每个金融发展指标与增长指标之间均存在强的正相关关系，且系数具有经济显著性。King和 Levine(1993b，1993c)使用替代计量估计方法和稳健性检验进一步证实了上述结论。为了检验金融是否只是简单地追随经济增长，King 和 Levine还分析了1960年的金融深度能否预测后续30年的经济增长、资本积累和生产率提高。回归分析表明，1960年的金融深度可以很好地预测后续30年的经济增长率、有形资本积累和经济效率的提高，即使在控制了收入、教育、货币、贸易和财政政策等其他因素之后也是如此。

　　然而，这些实证研究没有考虑金融发展变化的驱动因素，即假定金融发展是外生的，它们只是说明了金融发展变化可能带来的巨大长期增长效应，却并没有正式处理因果关系问题(Shan et al., 2001)。金融发展水平能够预测经济增长,可能仅仅是因为金融体系的发展基于对未来经济增长的预期。因此,金融发展水平可能是一个先行指标,而不是根本原因。此外,政治制度、法律传统(La Porta et al., 1997)或制度的差异(North, 1981; Engerman and Sokoloff, 1994)可能同时推动了金融发展和经济增长。为了评估金融发展—经济增长二者关系是否受到联立性偏误的干扰,需要工具变量来解释金融发展的跨国差异,这些工具变量除了与金融发展和其他增长决定因素存在联系之外,应该与经济增长不直接相关。Levine(1998,1999)和Levine 等(2000)使用 La Porta 等(1998)的国家法律渊源作为工具变量,结果表明,金融中介发展的外生成分与长期经济增长之间存在着很强的关联性。对金融与经济增长二元关系的讨论在识别策略上也非常丰富,为改善纯跨国调查的若干统计问题,相关研究采用了多种研究方法,如面板数据技术、纯时间序列方法和个案研究(Rousseau and Wachtel, 1998; Beck et al., 2000; Beck and Levine, 2004; Allen et al., 2005)。

为了更好地理解金融发展和经济增长之间的关系,研究者还使用不同国家的行业中观层面和企业微观层面的数据,尝试解决因果关系问题,并更详细地探究金融影响经济增长的机制。在这方面,Rajan 和 Zingales(1998)的研究具有一定的影响力,他们认为,市场摩擦导致内部融资和外部融资的价格存在差距,更发达的金融中介机构或金融市场有助于克服这种摩擦。外部融资成本的降低能够促进已有企业的成长和新企业的形成,那么天然需要大量使用外部资金的行业从更大的金融发展中受益应该更多。两位作者按照这个思路,基于 42 个国家 36 个行业的数据研究发现,在金融体系更发达的经济体中,金融发展通过影响外部融资的可得性对行业增长产生重大影响,而且对天然大量使用外部融资的行业而言影响尤其显著。该发现支持了这样一种观点,即金融发展通过促进外部资金流动来刺激增长。在 Rajan 和 Zingales 的研究基础上,Claessens 和 Laeven(2003)基于跨国数据研究了金融发展和产权保护质量对企业获得外部融资及其资产配置的影响。他们发现,相比金融发展水平高的国家,金融发展水平低的国家经济增长较慢,原因在于企业缺乏融资渠道从而导致投资不足;对产权保护较差的国家,企业对无形资产的投资不足,导致企业投资配置效率低,从而损害了国家层面的经济增长。Beck 等(2004)也扩展了 Rajan 和 Zingales 的研究方法,强调了另一个连接金融发展和经济增长的渠道,他们发现在金融体系发达的经济体中,由小企业自然组成的产业增长得更快。这些结果与以下观点一致,即相比大中型企业,小微型企业在外部融资上受到更大的限制,因此金融发展对由小企业自然组成的行业的增长特别重要。

金融发展有助于企业增长的证据为证明金融发展与经济增长的因果关系提供了一种机制。Demirgüç-Kunt 和 Maksimovic(1998)基于包括 26 个国家最大的上市制造企业的财务数据,研究了金融发展是否会影响企业投资于盈利增长机会的受约束程度。他们关注企业使用长期债务和外部股本为企业增长融资的策略。与 Rajan 和 Zingales 一样,两位作者关注的是金融发展影响经济增长的一种特殊机制:更大的金融发展是否消除了企业利用有利可图的增长机会时所面临的障碍? 他们并不只关注一个行业对外部融资的依赖,而是评估样本中每个企业的外部融资需求,并发现,银行体系的发展和股票市场的流动性都与企业的超额增长呈正相关。Love(2003)也使用企业层面的数据来检验金融发展是否缓解了企业面临的融资约束,尽管他没有明确地检验金融发展对总体经济增长的影响,但其结果发现,在金融体系较不发达的国家,企业投资对内部资金的敏感度更高,且更大的金融发展降低了投资对内部资金的敏感性,这与前面提到的结果一致。Love

（2003）还发现,金融发展在缓解小企业的融资约束方面尤其有效。总而言之,这些企业层面的研究表明,金融发展消除了企业扩张的障碍,并对小企业产生了特别有益的影响。

3.3.2 信贷可得性与小微企业动态研究

在确立了更广泛、更深层次的金融市场与更好的经济增长前景之间存在很强的因果关系之后,研究工作转向金融影响实体经济活动的机制分析。尽管金融发展影响企业投资与扩张的研究为金融发展促进经济增长的因果关系提供了微观证据,但是这些研究都有一个较强的假设,即认为处在同一个国家或经济体中的所有企业面临的金融发展水平是相同的,这个假设忽视了金融发展在空间上的不均衡性和企业自身因素导致的企业金融获得上的异质性。因此,把较宏观的金融发展水平细化到企业信贷可得性是十分必要的。

大量文献证实,金融对企业家很重要。流动性约束是潜在的企业家建立企业时面临的重要障碍,拥有更多资产的个人更有可能成为自我雇佣者,并在小企业中获得成功。Evans 和 Jovanovic（1989）的发现证明了这一点,财富与创业选择的正相关性提供了流动性约束存在的证据。Holtz-Eakin 和 Rosen（2005）发现,与美国相比,德国的创业活动因获得资本的渠道有限而受到阻碍。Gentry 和 Hubbard（2000）发现,家庭非工商业资产有助于预测家庭开展创业活动的可能性和成功潜力。Schäfer 和 Talavera（2009）构建了包含内生融资约束的道德风险模型（moral hazard model）,从理论和实证上证实,企业家私有资产的增加通过缓解小企业的融资约束,对小企业的生存概率产生正向的影响。

而 Musso 和 Schiavo(2008)基于企业相关财务指标构建了随时间变化的信贷约束指标,并利用法国 1996—2004 年的面板数据实证检验了信贷约束对企业存活和发展的影响,结果表明,信贷约束显著提高了企业退出的可能性,而外部金融资源的可得对企业增长具有显著的促进作用。基于 2003 年美国小企业金融调查数据,Mach 和 Wolken(2012)构建了企业破产预测模型,并重点关注信贷约束的作用。结果发现,相比于不受信贷约束的企业,受信贷约束的企业倒闭的可能性要大得多,文章进一步发现,模型在控制了企业特征、企业主特征和市场特征等一系列潜在的影响因素后,信贷约束与信贷可得性变量似乎仍是预测美国小企业在2004—2008 年间倒闭的最重要因素。通过对一组瑞士初创企业进行为期 10 年的考察,Stucki(2014)发现,融资约束不仅是企业创业初期的问题,尽管随着企业年龄的增长,融资约束对企业生存的负面影响逐渐弱化,但其对企业利润的负面影响却始终存在。

部分研究关注银行业结构对创业精神的影响。Black 和 Strahan(2002)研究了美国银行业竞争和合并的政策变化对企业家精神的影响。结果发现,新创企业的比例随着银行分支机构限制的放松而显著增加,放松银行业管制降低了银行业集中化对新创企业的负面影响。Cetorelli 和 Strahan(2006)发现,相比于银行业竞争激烈的市场,处于银行业集中化市场中的潜在进入者在信贷获得方面更加困难。

国内有关信贷可得性影响企业存续和进入的研究主要关注规模以上企业(叶宁华、包群,2013;马光荣、李力行,2014;黎日荣,2016;樊娜娜、李荣林,2017)。为数不多的针对小微企业的研究也多使用截面数据,无法识别企业的动态变化。

3.4　企业主金融素养、信贷可得性与自助融资策略

3.4.1　企业主金融素养与小微信贷可得性

金融素养是指对资金的使用和管理作出明智的判断和有效决定的能力 (Hung et al.，2009)。现有研究主要集中在探讨金融素养对个体或家庭层面金融包容的影响上，金融素养对人们利用金融资源产生显著影响(Miller et al.，2009；Cole et al.，2011)，金融素养不足是家庭无法充分参与正规金融市场的重要原因(Van Rooij et al.，2011)。宋全云等(2017)利用 CHFS 2015 年的数据，研究金融知识对家庭信贷行为的影响，结果发现，家庭户主的金融知识水平越高，家庭正规信贷可得性越高，家庭也会从正规金融机构获得更多的信贷。这种逻辑同样适用于小微企业，然而由于数据限制，目前尚不清楚金融素养是否会影响中国小微企业的贷款可得性，本书旨在填补这一研究空白。

传统理论认为企业主清楚了解各种融资来源，但部分研究认为，小企业主往往缺乏足够的知识(Gibson，1992)。国内外研究(Hussian et al.，2018；Tian et al.，2020；宋全云等，2020)基于企业层面数据的分析，均发现企业家的金融素养对小微企业的创办和存续具有重要影响，且企业主的金融素养提高了企业的财务表现。这些研究为我们深入探究金融素养在企业层面的作用提供了有益的指导。

3.4.2　小微企业自助融资策略研究

金融资源对小微企业的正常经营、生存与发展至关重要(Shane and

Venkataraman，2000)。然而,小企业由于信息不对称、交易成本高昂与缺乏充分的抵押担保等因素,难以从传统融资渠道获得资金(Van Auken and Neeley，1996；Cassar，2004；Ebben and Johnson，2006)。这促使小企业主使用自助融资策略应对企业的流动性需求(Winborg and Landström，2001；Van Auken，2005)。自助融资是指在传统融资渠道受限时,企业主用来获取或补充运营所需资金的方法(Winborg and Landström，2001；Ebben and Johnson，2006),包括利用商业信用、个人信贷(使用信用卡)或融资租赁等。可以认为,自助融资是一种处于传统正规渠道获得的权益融资或债务融资之外的资源获取方式,它为传统融资渠道受限的小微企业提供了替代融资选择(Winborg and Landström，2001；Ebben，2009；Lam，2010；Ebben and Johnson，2011)。

相比于传统融资渠道,自助融资方式通常较容易获得、成本低(Van Auken and Neeley，1996；Neeley and Van Auken，2009),因此在小微借款群体中被广泛使用。在早期研究中,Bhide(1992)基于现实观察强调了自助融资方式在初创企业和小微企业中较为常见。Freear 等(1995)首次从经验数据上检验了自助融资对小微企业发展的重要作用,并发现,平均而言,被调查的企业都是借助自助融资的方式发展起来的。Neeley(2003)的研究也证实了自助融资方式的重要作用,他发现大部分被考察企业都在不同程度上使用了自助融资策略。Carter 和 Van Auken(2005)的研究发现,认为企业风险相对较大的企业所有者更看重自助融资,因为风险较高的企业更难以从银行和新所有者那里吸引外部资金来源。

在小微企业使用自助融资方式的现象备受学者们关注的同时,关于自助融资方式如何影响小微企业绩效表现的议题也得到了一定研究,但还没有形成一致的结论。一种观点认为,小企业主相对不了解金融自助策略,而只是将其作为其他融资渠道缺乏时的被动应对之策（Ebben and Johnson，2006），并不具有可持续性，因此，较多使用自助融资方式的小微企业绩效表现更差（Stancill，1986；Bruno et al.，1987；Binks and Ennew，1996）。另一种观点认为，小微企业使用自助融资方式的行为可能与多个动机相关联，除了应对资金不足外，还可能是企业主出于保持所有权和控制权的考量而采取的主动策略（Winborg，2009），这会对小微企业绩效表现产生积极的影响（Winborg and Landström，2001）。

通过系统梳理自助融资方式相关文献，我们发现使用企业主个人信用授信（使用信用卡）为企业补充融资是自助融资最常见的方式之一（Blanchflower and Evans.，2004；Mach and Wolken，2006；Ebben，2009；Neeley and Van Auken，2009；Brown et al.，2019）。然而，对个人信用授信和小微企业融资之间的重要联系的研究主要集中于少数发达国家，比较有代表性的一篇文献来自 Blanchflower 和 Evans（2004），该文使用美国 1993 年全国小企业金融调查数据，对美国小企业借助企业主个人信用卡弥补融资缺口的特征事实进行了系统分析。两位作者发现，信贷约束对于企业主个人信用卡使用的影响在扩展边际和集约边际上均产生正向影响；并且，有进一步证据发现，信息不透明、缺乏抵押物且增长较快的企业更可能使用信用卡融资，说明企业主使用信用卡是出于融资目的而不仅仅是作为交易手段。Brown 等（2019）利用英国中小企业的大型数据集的研究也得到相似的结论。这些证据均表明企业主使用自助融资方式对缓解中小微企业信贷约束发挥重要作用。

已有关于中国自助融资方式使用的研究主要关注信用卡营销环节及其对缓解家庭流动性约束的作用，而对其在助力小微企业融资方面的潜在作用则相对忽视。这些研究一般发现，信用卡持有人相对年轻，受教育程度较高,并且收入较高(Worthington,2003,2005;Worthington et al.,2007)。随着家庭数据的普及,更多学者开始使用家庭层面的数据来研究中国信用卡的使用。利用 2008 年中国消费者金融和投资者教育调查的数据,Sharpe 等(2012)发现,30.0%的城市家庭至少拥有一张信用卡,而且城市居民的收入、年龄、教育、职业和信用卡风险意识等特征与其持有信用卡的可能性显著相关。Porto 等(2019)使用 CHFS 2013 年的数据发现,中国农村家庭和城市家庭在信用卡使用方面存在显著差异。这提示在研究小微企业利用自助融资方式解决融资难题时或有必要区分具体家庭特征,如户口、家庭构成、受教育程度等。

理论上,直接使用自助融资方式对融资受限的中小微企业不具有吸引力,原因在于其成本相对较高。然而,信息不透明和抵押品不足使小微企业难以从银行或其他投资者那里获得融资(Berger and Udell,1998),从而制约了其日常经营活动,并可能阻碍其长期战略投资。因此,小微企业可能会寻找其他融资来源,这些来源通常不要求提供抵押品,但可能是更昂贵的融资形式。

就中国现实国情和发展阶段而言,尽管中国的自助融资起步较晚,但发展迅速。其通常具备的随借随还、循环使用的特点使其能够提供灵活的融资,使中小微企业能够显著地放松家庭的预算约束,减少家庭的预防性储蓄动机,从而企业主可以在企业流动性紧张时借助家庭"内部资金池"这一自助融资方式调整支出。

3.5　小结

本章深入研究了小微企业的信贷融资问题,通过广泛的文献回顾,为后续研究提供了坚实的理论基础。

首先,关于小微企业银行贷款可得性的研究已相对丰富,学术界主要从资金供需角度进行探讨。然而,企业主金融素养对贷款可得性的影响尚未得到深入研究。同时,现有研究主要关注的是企业是否有银行贷款,而对于其贷款需求、申请和获得多个维度的研究还不够充分。

其次,众多对发达经济体的研究显示,自助融资方式在克服小微企业信贷约束方面具有重要作用。然而,在中国,关于小微企业主使用自助融资方式的研究尚显不足,尤其是缺乏对个人信用在企业融资中的作用的深入研究。国内关于个人信用授信的文献往往忽略了在预算约束和预防性储蓄放松后,企业主或家庭拥有信用授信额度后投资行为的变化。这些研究通常假设个人信用授信只会影响消费决策,但这种假设往往使得研究者忽略了中国部分小微企业主利用自助融资方式来缓解融资约束导致的流动性不足问题,进而忽略了这一现象对系统性金融风险的重要影响。

最后,关于小微企业使用自助融资策略的动机及其对企业绩效的影响的研究还不多见,且尚未形成明确的结论。本书将重点讨论中国小微企业主如何通过借助家庭"内部资金池"来应对流动资金约束,并探讨这种信贷流动机制的存在以及其对小微企业创办和存续的支持作用,试图揭示建设完备的金融体系对于解决"融资难"问题和促进金融普惠、提高经济活力具有重要意义。

第4章 小微企业银行信贷可得性的影响因素研究

4.1 引言

融资活动贯穿小微企业生命周期的各个阶段,金融资源的及时获得对于小微企业的存续和发展至关重要。因此,识别小微企业外部融资可得性的影响因素是学术界和政策制定者都非常感兴趣的话题,特别是对于金融市场发展不足和支持性基础设施不完善的新兴市场经济体而言。Stiglitz 和 Weiss(1981)从理论上证明了信息不对称导致的逆向选择和道德风险问题是银行信贷配给产生的根源。之后,围绕如何缓解信息不对称的问题,大量实证研究从资金供给侧的视角展开,例如银企关系型借贷,抵押品或担保条款,银行并购、竞争以及银行业结构的变化等研究(Berger and Udell, 1995; Petersen and Rajan, 1995; Asiedu et al., 2012)。近年来,随着中国金融业改革的不断推进,区域性中小金融机构从无到有并不断发展壮大。与此同时,国家相关部门也先后出台了多项政策举措,鼓励和引导金融机构加大对小微企业的信贷支持。但由于中国金融机构对抵押担保的过度依赖,供给侧融资环境的改善对缓解小微企业的银行信贷配给问题的作用有限。

经典的银行信贷配给理论多从供给侧入手,往往忽视了需求侧的可能影响,例如小微企业"自我信贷配给"的存在。具体来说,在面对银行不完美的甄别策略或存在贷款申请成本的情况下,潜在借款人可能选择不向银行提交贷款申请,转而进行"自我信贷配给"。中小微企业银行贷款的可得性既受资金供给侧的影响(例如,银行在贷款发放中为了规避风险更青睐大企业),也受到需求侧的作用(OECD,2016),例如企业主的金融素养、战略眼光,甚至是使用正规融资渠道的意愿或意识。企业主作为小微企业管理和经营的主导者,其人口统计学和行为属性特征对小微企业的融资决策和信贷可得性具有重要作用(Cavalluzzo and Cavalluzzo,1998;Blanchflower et al.,2003;Cavalluzzo and Wolken,2005;Asiedu et al.,2012;Dai et al.,2017)。正如 2014 年世界银行发布的《全球金融发展报告》所指出的,金融教育可能是提高小微企业金融服务可得性的有效途径,加强金融教育有助于提振经济(World Bank,2014)。尽管听起来合乎情理,但这一提议的有效性有赖于对以下问题的检验:企业主缺乏金融知识会导致小微企业的金融可得性较差吗? 遗憾的是,到目前为止,针对该问题的直接证据仍较为鲜见。立足于世界上最大的新兴经济体的调查数据,本章试图通过研究金融素养对小微企业银行贷款可得性的影响填补这一空白。

基于 2015 年的 CHFS 和 CMES 数据,本章考察了企业主金融素养对小微企业银行贷款可得性的影响。本章的基准估计结果表明,企业主的金融素养越高,非正规小微企业获得银行贷款的可能性就越大;并且,在控制了企业层面、企业主层面和家庭层面的其他决定因素之后,该结论仍然成立;但在正规小微企业样本中,未发现二者存在正相关性的证据。虽然研究发现企业主的金融素养与非正规小微企业持有银行贷款具有显著的正相关关系,但仍不能确定二者是因果关系还是相关关系。例如,企业主的金融素养可能是在参与正规金融市场过程中不断积累的,从而导致企业主的金融素养与企业银行贷款持有之间存在正向关系。为解决潜在的内生性问题,这里参照 Lusardi 和 Mitchell(2014)以及 Wang 等(2021)的做法,使用社区家庭金融素养平均值作为企业主金融素养的工具变量,对主要回归重新进行估计。工具变量的估计结果确立了二者之间的因果关系。更有趣的是,我们发现,金融素养的促进作用仅存在于企业主持有农村户口的非正规小微企业当中,而在企业主持有城镇户口的企业中并不存在。因此,在本章后续的异质性分析和机制讨论中,我们把研究样本限定在企业主持有农村户口的非正规小微企业中。对于限定后的样本,我们进一步研究发现,金融素养的促进作用对处于金融发展水平较低的地区的企业更为显著。最后,我们将探讨潜在的机制,并发现当企业主的金融素养较高时,小微企业更可能有银行信贷需求,也更可能向银行提交贷款申请,同时其贷款申请获批的可能性也更高。

本章与探讨小微企业银行贷款可得性影响因素的文献紧密相关。已有研究主要集中于供给侧的视角,研究者认为通过银企关系型借贷或加强银行之间竞争,小微企业将会更容易获得贷款(Berger and Udell,1995;Petersen and Rajan,1995;Cole,1998;鲁丹、肖华荣,2008;张晓玫、潘玲,2013;尹志超等,2015)。最近,越来越多的研究证据表明,企业家的人口统计学特征(性别、年龄、种族、民族和受教育水平)和行为属性特征(例如,乐观主义和过度自信)也是影响小微企业信贷可得性的重要决定因素(Cavalluzzo and Cavalluzzo,1998;Blanchflower et al.,2003;Cavalluzzo and Wolken,2005;Asiedu et al.,2012;Dai et al.,2017)。本章通过提供证据表明,企业主的金融素养是影响非正规小微企业贷款可得性的又一重要影响因素,从而对该支文献进行补充。

本章也与考察金融素养如何影响个体或家庭层面的金融包容研究相关(Lusardi and Mitchell,2014)。已有研究发现,金融素养会影响家庭信贷需求和信贷可得性(宋全云等,2017)、退休计划参与(Lusardi and Mitchell,2007a,2007b)、优化风险资产配置和投资回报(Bianchi,2018;尹志超等,2015)、家庭创业决策(马双、赵朋飞,2015;尹志超等,2015),以及保险市场参与(Wang et al.,2021;秦芳等,2016)。在为数不多的几篇基于企业层面数据的分析中,Wise(2013)基于加拿大 509 家初创企业的数据发现,企业家的金融素养对于小微企业的创办和存续均具有重要影响。Drexler 等(2014)研究了金融素养对企业经营业绩的影响,结果发现,企业主的金融素养提高了企业的财务业绩表现。本章基于小微企业的代表性数据,把企业家的金融素养和企业银行贷款可得性联系起来,对该支文献进行扩展。

4.2　理论分析和研究假说

原国家工商总局于 2014 年 3 月发布的《全国小微企业发展报告》显示,截至 2013 年末,全国各类企业总数为 1 527.84 万户,其中,小微型企业1 169.87 万户,占企业总数的 76.57%,如果进一步将 4 436.29 万户个体工商户纳入统计,小微型企业所占企业总数的比重将达到 94.15%。小微企业贡献了 85% 的城乡就业岗位,其最终产品和服务占 GDP 的 60%。因此,促进小微企业的健康发展是保持国民经济平稳发展的重要基础,也是关系民生和社会稳定的重大战略任务(周天勇,2000)。然而,与此同时,小微企业外部融资可得性较差。据中国人民银行 2016 年 1 月发布的《2015 年金融机构贷款投向报告》显示,2015 年末,小微企业贷款余额仅占全部企业贷款余额的 31.2％,相比其对社会就业和中国经济的贡献,小微企业在银行贷款获得上是不成比例的,明显处于"强位弱势"的状态。

　　小微企业贷款的成功获得是银行等金融机构、小微企业和企业主共同作用的结果。国内大量研究集中于从供给侧探究小微企业银行贷款受限的原因,强调通过改进金融供给制度和保持信贷供给增量,对中小微企业给予金融扶持(林毅夫、李永军,2001;姚耀军、董钢锋,2014),却忽视了从需求侧企业的角度来改善贷款可得性。银行贷款的批准必须经过一个复杂的过程,通常耗费数周甚至数月,包括信息筛选和文件准备等环节(Kon and Storey,2003)。担心贷款申请被拒或对贷款政策、贷款手续等的不了解所导致的心理成本、认知偏差及行为偏差是有融资需求的小微企业主放弃向银行申请贷款的重要原因(Kon and Storey,2003;Petrick,2004;王冀宁、赵顺龙,2007)。一方面,一定的金融知识有助于企业主理解获取正规金融服务的重要性。另一方面,随着金融市场的发展,贷款产品变得过于复杂,其中涉及的许多细节,掌握较少金融知识的借款人很难理解,比如利息的计算和还款条款的设置。此外,大量的文书工作也需要一定的金融知识。金融知识被认为是金融相关的人力资本,可以通过强化企业所有者申请贷款的动机,促进小企业获得正规金融服务。因此,有理由认为企业主的金融素养会对非正规小微企业的金融状况产生重大影响,尤其影响它们能否获得银行贷款。相比之下,上述观点可能不适用于聘用专门财务人员的正规企业。基于此,我们提出本章的基准假说。

　　假说 4.1:企业主的金融素养水平对非正规小微企业的银行贷款可得性具有正向影响,而对正规小微企业没有显著影响。

在城乡分割的二元户籍制度背景下,当迁移到城市地区,相比持有城镇户口的家庭,持有农村户口的家庭在居住、就业、社会福利和子女入学等公共服务方面受到诸多限制和歧视(Liu,2005)。拥有农村户口的家庭在申请贷款时也可能会受到银行更严格的审核。这使得拥有农村户口的家庭更可能出于担心贷款被拒而放弃申请银行贷款。当存在信贷歧视时,我们预期金融素养对信贷可得性的促进作用更为显著。此观点与 Lyons 等(2017)的研究结论相一致,他们研究了金融素养对改善弱势群体(如低收入、受教育程度低的群体)的金融包容性的作用。相应地,我们提出本章的第二个假说。

假说 4.2:金融素养对非正规小微企业银行贷款可得性的促进作用在企业主持有农村户口的企业中更显著。

中国金融资源的供给与需求在空间分布上具有显著的区域差异性,其中主要表现为东部发达地区与中西部欠发达地区之间的差距(崔光庆、王景武,2006;陈明华等,2016)。在金融资源向发达地区和中心城市集中的同时,欠发达地区的金融运行呈现出相对的落后性,金融发展处于较低水平,金融活动的数量和规模明显偏低,金融形式比较落后,民间借贷等非正规金融形式较为普遍。在中国以银行间接融资为主导的金融体系背景下,地方金融市场在企业银行信贷资金的获取中发挥重要作用,对不太可能从当地以外地区筹集资金的小微企业而言更是如此(Petersen and Rajan,2002)。处于成熟金融市场中的个人和企业更容易获得外部资金(Guiso et al.,2004)。由此,我们预期金融素养对小微企业银行贷款可得性的促进作用对于处于金融发展水平相对低的地区的小微企业而言更强,即企业主个人的金融素养与制度金融发展水平之间存在"替代效应"。据此,我们提出本章的第三个假说。

假说 4.3：金融素养对非正规小微企业银行贷款可得性的促进作用在面临较差区域信贷可得性的企业中更为显著。

4.3　研究设计

4.3.1　数据来源和样本筛选

1. 数据来源

本章的数据来源于西南财经大学中国家庭金融调查与研究中心 2015 年在全国范围内开展的第三轮中国家庭金融调查（CHFS）和中国小微企业调查（CMES）。

CHFS 采用三阶段分层、与人口规模成比例的科学抽样方法，第三轮调查覆盖全国 29 个省（自治区、直辖市，不含新疆、西藏、港澳台），363 个区（县），1 439 个社区（村），共计 37 000 余户家庭，该轮调查收集了具有全国、省级和副省级层面代表性的大型家庭微观数据。该数据库包括个体、家庭和社区（村）三个数据模块。收集信息主要包括家庭结构及人口特征、资产与负债、收入与消费、保险与保障及就业创业等方面的详细信息。该调查采用了多项措施来控制抽样误差和非抽样误差，数据代表性好、质量高（甘犁等，2013）。本章使用的另一个数据来源 CMES 2015 是中国家庭金融调查与研究中心于 2015 年在全国范围内首次开展的针对小微企业法人的企业微观调查，该调查同样采取三阶段分层、与人口规模成比例的科学抽样方法，样本覆盖全国 28 个省（自治区、直辖市，不包括新疆、西藏、青海、港澳台），80 个区（县），240 个街道（乡镇），共计 5 600 余份有效样本，问卷内容涵盖企业及企业主基本信息、融资与财务、税费、组织管理、创新等。

2. 样本筛选

对于 CHFS 2015 数据,我们将分析样本限定为有工商业项目的中国城镇家庭,这些家庭企业的组织形式几乎全都是个体工商户。因此,对于这一部分调查数据,我们关注的是非正规小微企业。表 4.1 报告了针对 CHFS 2015 回归样本的筛选过程。基于步骤 1 和 2 可得到在城镇地区从事工商业项目的家庭样本。由于 CHFS 调查问卷仅询问了个体工商户和无正规组织形式的企业这两类企业的创办年份、行业等企业关键信息,因此,通过步骤 3 仅保留了这两类组织形式的家庭企业样本。为了保证家庭对小微企业项目拥有绝对的控制权,步骤 4 剔除了家庭在小微企业项目中拥有所有权份额低于 50% 的样本。为了降低调查误差的影响,步骤 5 剔除了调查中受访者不能唯一识别的样本。最后,在步骤 6 剔除回归变量有缺失的样本后,我们共得到 3 243 个有效样本。

CMES 2015 中的企业组织形式主要是独资企业、有限责任公司等法人

表 4.1 样本筛选过程(CHFS 2015 样本)

步 骤	观测值
筛选前	37 289
步骤 1:剔除位于农村地区的样本	−11 654
步骤 2:剔除未从事家庭工商业的样本	−20 918
步骤 3:仅保留组织形式为个体工商户和无正规组织形式的企业	−433
步骤 4:剔除家庭在工商业项目的所有权比例低于 50% 或所有权份额缺失的样本	−362
步骤 5:剔除调查中受访者无法唯一识别的样本	−54
步骤 6:剔除回归变量有缺失的样本	−625
筛选后	3 243

形式。因此,对于这一部分调查数据,我们关注的是正规小微企业。表 4.2 报告了 CMES 2015 回归样本的筛选过程。由于 CMES 调查问卷仅在受访者为小微企业所有者的情况下才询问金融素养、风险态度等关键问题,因此,步骤 1 仅保留了受访者为小微企业所有者的样本。此外,考虑到处于农、林、牧、渔业的小微企业受国家政策性信贷支持的影响较大,从而与处于其他行业的小微企业在银行贷款可得性上存在显著差异,因此步骤 2 剔除了从事农、林、牧、渔业生产经营的小微企业样本。为了降低调查误差的影响,步骤 3 剔除了企业组织形式无法识别的样本。最后,在步骤 4 剔除了存在变量缺失的样本后,我们共得到 1 279 个有效样本。

表 4.2   样本筛选过程(CMES 2015 样本)

步　　　骤	观测值
筛选前	5 497
步骤 1:剔除受访者不是小微企业所有者的样本	−3 437
步骤 2:剔除所在行业是农、林、牧、渔业的小微企业样本	−365
步骤 3:剔除企业组织形式无法识别的样本	−9
步骤 4:剔除存在变量缺失的样本	−407
筛选后	1 279

区分正规和非正规小微企业是很必要且重要的。在中国,非正规企业未登记注册或登记为个体工商户,正规企业登记注册为有限责任公司、合伙企业、股份有限公司等组织形式。与正规企业相比,非正规企业往往不需要固定的办公地点、完整的会计制度或最低注册资本。因此,为了节省成本,非正规企业一般不雇用会计等专门的财务人员,财务决策完全由企业主完成。与之相对,正规企业的组织架构相对规范,通常有专门的员工负责处理与融资相关的活动,因此对于正规小微企业来说,企业主的金融素养对企业融资活动的开展不那么重要。

4.3.2　变量说明

接下来我们将重点介绍金融素养变量的构建。Lusardi 和 Mitchell (2014)把金融素养定义为个体处理经济信息并在金融规划、财富积累、借贷和养老金等方面作出明智决定的能力。为了评估这种能力,他们设计了一系列评估体系,并把以下三个问题作为基本要素:利率、复利的计算能力,对通货膨胀的理解,以及对风险分散化的认识。尽管各种文献对金融素养的测度指标不断扩充,但这三个问题依旧被认为是衡量金融素养的标准问题(Bellofatto et al., 2018)。

CHFS 2015 和 CMES 2015 的调查问卷均设计了类似的三个基本问题来测度个体金融素养的水平,这些问题与利率、通货膨胀和风险分散有关。[①]参照 Calvet 等(2009)、Van Rooij 等(2011)以及 Wang 等(2021)的做法,基于对上述三个问题的回答,我们构造了两个金融素养指标。第一个指标是金融素养得分(FL score)。具体而言,对每个金融素养有关的问题,如果回答正确得 1 分,否则为 0 分;然后对三个问题的正确回答数进行加总,得到受访者的金融素养得分。[②]然而,正如 Lusardi 和 Mitchell(2011)所指出的,简

---

① 问卷中有关金融素养衡量的三个问题分别是:
(1)利率计算:假设银行的年利率是 4%,如果把 100 元钱存 1 年定期,一年后获得的本金和利息为(　　)?
　1. 小于 104 元　　　　2. 等于 104 元　　　　3. 大于 104 元　　　　4. 算不出来
(2)对通货膨胀的理解:假设银行的年利率是 5%,通货膨胀率每年是 3%,把 100 元钱存银行一年之后能够买到的东西将(　　)?
　1. 比一年多　　　　2. 跟一年前一样多　　　　3. 比一年前少　　　　4. 算不出来
(3)对风险分散化的理解:您认为一般而言,股票和基金哪个风险更大?
　1. 股票　　　　2. 基金　　　　3. 没有听过股票　　　　4. 没有听说过基金
　5. 两者都没有听说过
② CHFS问卷的家庭受访者需要满足两个条件:一是最了解家里财务状况;二是必须年满 16 周岁。因此,我们认为受访者在家庭工商业经营管理中扮演重要角色,即把受访者当作企业主。

单将三个问题的正确回答数加总得到金融素养得分的测量方法存在一定的局限性，例如回答错误可能与回答"算不出来或不知道"所包含的金融素养水平的信息是不同的。因此，我们通过构造第二个金融素养衡量指标——金融素养综合指数（FL index）来考虑这种差异。具体来说，对于每一个问题，根据是否正确回答（正确回答为 1，错误回答或者回答算不出来或不知道为 0）和是否理解问题（正确回答或错误回答为 1，回答算不出来或不知道为 0），分别构造 2 个哑变量，3 个问题共构造 6 个哑变量。基于这 6 个哑变量，我们采用迭代主因子法得到金融素养综合指数。这样做的优势在于能够充分利用三个问题的有效信息。

在具体操作中，我们采用 KMO（Kaiser-Meyer-Olkin）检验来判断构造金融素养综合指数所选择的变量组合是否适合使用因子分析方法。KMO检验是抽样充分性的检验，通过比较变量之间的相关系数和偏相关系数的大小，为检验变量组合是否适合做因子分析提供依据。KMO 检验统计量的取值范围为[0，1]，其值越接近 1，表明变量组合之间的相关性越强，反之，KMO 值越接近 0，表明原变量间的相关性越弱。一般而言，KMO 值大于0.6，表明变量组合勉强可以做因子分析；KMO 值大于 0.7，表明变量组合适合做因子分析；KMO 值在 0.8 以上（Kaiser，1974），表明变量组合很适合做因子分析。表 4.3 至表 4.6 报告了基于 CHFS 2015 回归样本的因子分析过程。表 4.3 的变量组合因子分析的 KMO 检验显示，利率计算和通货膨胀理解两个变量的 KMO 值均在 0.7 以上，而投资风险理解变量的 KMO 值也在0.6 以上，全样本的 KMO 值接近 0.7，这说明我们的变量组合可以采用因子分析法构造金融素养综合指数。

接下来，我们对 6 个哑变量采用迭代主因子法进行分析。表 4.4 报告了因子分析的结果。根据因子特征值大于 1 和累计贡献率的判定原则，我们选

表 4.3　因子分析的 KMO 检验 (CHFS 2015 样本)

变　量	KMO 检验结果
利率问题回答正确	0.739 0
理解利率问题	0.708 3
通货膨胀问题回答正确	0.756 4
理解通货膨胀问题	0.747 1
投资风险问题回答正确	0.602 3
理解投资风险问题	0.611 5
总体	0.672 2

表 4.4　因子分析结果 (CHFS 2015 样本)

	特征值	差异	贡献率	累计贡献率
因子 1	2.843 99	1.824 52	0.654 3	0.654 3
因子 2	1.019 47	0.671 73	0.234 5	0.888 8
因子 3	0.347 74	0.215 31	0.080 0	0.968 8
因子 4	0.132 44	0.129 01	0.030 5	0.999 3
因子 5	0.003 43	0.003 65	0.000 8	1.000 1
因子 6	−0.000 22		−0.000 1	1.000 0

注:通过迭代主因子法提取出两个主因子。

择前两个因子来构造金融素养综合指数,并且前两个因子的累计方差贡献率为 88.88%,超过了社科研究领域一般要求的 60% 门槛值。

为了使因子与原变量的结构更加清晰,我们采用通用的正交方差极大法(varmax)对上述因子分析结果进行旋转。如表 4.5 所示,旋转后的主因子都有主导作用的变量。在第一个主因子中,起主导作用的是投资风险理解变量,而在第二个主因子中,起主导作用的是利率计算和通货膨胀理解变量。最后,我们采用 Bartlett(1937)的方法计算上述两个因子的因子得分,将表 4.6 中每个因子的方差贡献率占两个因子累计方差贡献率的比重作为权重,构造出评价金融素养水平的综合指标。

表 4.5　旋转后的因子载荷矩阵(CHFS 2015 样本)

变　量	因子 1	因子 2
利率问题回答正确	0.167 2	0.665 2
理解利率问题	0.257 7	0.665 2
通货膨胀问题回答正确	0.075 4	0.157 8
理解通货膨胀问题	0.249 7	0.466 0
投资风险问题回答正确	0.939 3	0.151 6
理解投资风险问题	0.937 4	0.184 1

注:采用通用的正交方差极大法对表 4.4 因子分析结果进行旋转后得到。

表 4.6　旋转后的因子分析结果(CHFS 2015 样本)

	方差	方差贡献率	累计方差贡献率	比重(%)
因子 1	1.923 57	0.442 5	0.442 5	56.7
因子 2	1.468 53	0.337 8	0.780 4	43.3

注:金融素养综合指数是根据每个因子的方差贡献率占两个因子累计方差贡献率的
比重作为权重进行加权加和构造的。

　　类似地,表 4.7 至表 4.10 报告了基于 CMES 2015 回归样本的因子分析
过程。表 4.7 的 KMO 检验显示,利率计算和通货膨胀理解两个变量的
KMO 值均在 0.65 以上,而投资风险理解变量的 KMO 值不足 0.6,全样本的
KMO 值接近 0.65,说明 CMES 回归样本的金融素养变量组合勉强可以采用
因子分析法构造金融素养综合指数。

表 4.7　因子分析的 KMO 检验(CMES 2015 样本)

变　量	KMO 检验结果
利率问题回答正确	0.687 6
理解利率问题	0.656 0
通货膨胀问题回答正确	0.722 9
理解通货膨胀问题	0.677 4
投资风险问题回答正确	0.559 8
理解投资风险问题	0.577 4
总　体	0.633 7

根据表 4.8 因子分析结果,以及因子特征值大于 1 和累计贡献率的判定原则,我们选择前两个因子来构造金融素养综合指数,并且前两个因子的累计方差贡献率为 85%,同样达到了社科研究领域的一般要求。

表 4.8　因子分析结果(CMES 2015 样本)

	特征值	差异	贡献率	累计贡献率
因子 1	2.109 60	1.055 27	0.564 9	0.564 9
因子 2	1.054 34	0.749 02	0.282 3	0.847 2
因子 3	0.305 32	0.053 10	0.081 8	0.929 0
因子 4	0.252 22	0.239 06	0.067 5	0.996 5
因子 5	0.013 16	0.013 40	0.003 5	1.000 1
因子 6	−0.000 24		−0.000 1	1.000 0

表 4.9 报告了旋转后的因子载荷矩阵。旋转后的主因子都有起主导作用的变量。具体而言,在第一个主因子中,起主导作用的是投资风险理解变量,而在第二个主因子中,起主导作用的变量是利率计算和通货膨胀理解。类似地,我们构造出了金融素养综合指数。

表 4.9　旋转后的因子载荷矩阵(CMES 2015 样本)

变　量	因子 1	因子 2
利率问题回答正确	0.070 6	0.322 4
理解利率问题	0.137 3	0.767 7
通货膨胀问题回答正确	0.041 5	0.259 5
理解通货膨胀问题	0.166 5	0.728 7
投资风险问题回答正确	0.818 8	0.077 7
理解投资风险问题	0.828 9	0.077 7

注:采用通用的正交方差极大法对表 4.8 因子分析结果旋转后得到。

对 CHFS 2015 样本,结合小微企业融资理论与已有研究的做法,我们控制了企业特征(包括企业年龄、年营业额)、企业主特征(包括性别、年龄、婚姻状况、受教育程度、户口类型和风险态度)和家庭特征(包括家庭规模、在

表 4.10 旋转后的因子分析结果(CMES 2015 样本)

	方差	方差贡献率	累计方差贡献率	比重(%)
因子 1	1.410 72	0.377 8	0.377 8	51.6
因子 2	1.323 75	0.354 5	0.732 2	48.4

注:金融素养综合指数是根据每个因子的方差贡献率占两个因子累计方差贡献率的比重作为权重进行加权加和构造的。

现居住城市或现居住县是否拥有住房、家庭净财富和家庭当地社会网络)。为控制行业和区域间的异质性,我们在所有回归中均控制企业所处行业和省份的固定效应,相关变量详细说明见附表 4.1。

而对于 CMES 2015 样本,我们则控制了企业层面(包括企业年龄、年营业额、员工数和组织形式)和企业主层面(包括年龄、性别、受教育程度和风险态度)的相关特征。类似地,为控制行业和区域差异的异质性,我们还控制了企业所处行业和省份的固定效应,相关变量详细说明见附表 4.2。

4.3.3 描述性统计

表 4.11 和表 4.12 分别报告了 CHFS 2015 回归样本和 CMES 2015 回归样本中企业主对于利息计算、通货膨胀理解和投资风险认知这三个问题的理解以及回答情况。如表 4.11 所示,对于非正规小微企业,约 65.01% 的企业主理解利率计算问题,其中约 35.17% 的企业主回答正确;在通货膨胀的理解方面,约 67.05% 的企业主理解通货膨胀内涵,其中仅 19.19% 的企业主给出正确答案,错误回答率为 47.86%,为三个问题之最;对投资风险认知问题,其正确回答率显著比前两个问题高(66.28%),尽管错误回答率在三个问题中最低,仅为 5.06%,但不能理解问题的比例也较高,为 28.66%。

表 4.11　金融素养问题回答情况（CHFS 2015 样本）　单位：%

金融素养问题	正确	错误	不知道/算不出来	总计
利率计算问题	35.17	29.84	34.99	100.00
通货膨胀理解	19.19	47.86	32.95	100.00
投资风险认知	66.28	5.06	28.66	100.00

如表 4.12 所示，对于正规小微企业，约 81.5% 的企业主理解利率计算问题，其中约 48.16% 的企业主回答正确；在通货膨胀的理解方面，约 77.8% 的企业主理解通货膨胀内涵，其中仅 30.49% 的企业主给出正确答案，其错误回答率为 47.31%，为三个问题之最；对投资风险认知问题，其正确回答率显著比前两个问题高（61.85%），尽管错误回答率在三个问题中最低，仅为 16.96%，但不能理解问题的比例也较高，为 21.19%。

表 4.12　金融素养问题回答情况（CMES 2015 样本）　单位：%

金融素养问题	正确	错误	不知道/算不出来	总计
利率计算问题	48.16	33.37	18.47	100.00
通货膨胀理解	30.49	47.31	22.20	100.00
投资风险认知	61.85	16.96	21.19	100.00

对表 4.11 和 4.12 的比较分析表明，在三个金融素养问题的理解和正确回答率上，平均来看，正规小微企业主的表现要优于非正规小微企业主，这与预期相符。此外，我们进一步分析和比较了两类小微企业主金融素养得分的分布情况。如表 4.13 所示，接近四分之一（23.68%）的非正规小微企业主三个问题全部答错，并且仅 8.57% 的企业主三个问题全部答对，仅答对一个问题的比例约为 40.61%，至少答对两个问题的比例为 35.71%。再看正规小微企业，约 18.53% 的正规小微企业主三个问题全部答错，低于非正规小微企业主的 23.68%，14.7% 的正规小微企业主三个问题全部答对，显著高于非正规小微企业主的 8.57%，至少答对两个问题的正规小微企业主占

比 44.33％,高于非正规小微企业主约 8.62 个百分点。这些统计结果表明,中国小微企业主的金融素养总体偏低,并且分布较不均匀,尚存在较大的提升空间。

表 4.13   金融素养得分分布情况比较

金融素养得分	CHFS 2015		CMES 2015	
	数量	占比(%)	数量	占比(%)
0	768	23.68	237	18.53
1	1 317	40.61	475	37.14
2	880	27.14	379	29.63
3	278	8.57	188	14.70
总计	3 243	100.00	1 279	100.00

表 4.14 是对 CHFS 2015 回归样本的描述性统计。统计结果显示,仅 15％的非正规小微企业有银行贷款需求,说明它们鲜有投资机会和扩张性资金需求。而在有贷款需求的企业中,40％的企业未获得贷款,持有贷款的仅占全部小微企业的 9％。就金融素养而言,三个问题中非正规小微企业主平均回答正确 1.21 个问题。持有农村户口的企业主平均答对的题目数低于城镇户口的企业主(分别为 1.1 和 1.34)。就企业特征来看,企业平均经营时间为 9.54 年,年营业额为 24.19 万元①,说明非正规小微企业多为维持性企业,而非增长性企业。企业主的平均年龄是 43.71 岁,53％为男性,约 55％的企业主受教育水平在初中及以下,88％已婚,43.95％持有城镇户口,56％为风险厌恶。从家庭特征来看,平均每户家庭有 3.75 人,82％的家庭在本市/县拥有住房,排除工商业外的家庭净财富平均为 101.38 万元,38％的企业主在现居住城市有 6 个以上有血缘关系的亲戚。

---

①　需要说明的是,为了对企业年营业额、家庭净财富等货币单位的指标有更直观的认识,尽管在回归分析中我们对这些变量做了对数化处理,但在本书的描述性统计中,我们报告的是变量的水平值。

表 4.14　变量描述性统计(CHFS 2015 样本)

	全样本		农村户口		城镇户口	
	均值	标准差	均值	标准差	均值	标准差
被解释变量						
银行贷款可得	0.09	0.28	0.09	0.28	0.09	0.29
银行贷款需求	0.15	0.36	0.15	0.36	0.16	0.37
关键变量						
金融素养得分	1.21	0.90	1.11	0.89	1.34	0.89
金融素养综合指数	0.27	0.63	0.18	0.65	0.39	0.58
控制变量						
企业特征:						
企业年龄	9.54	7.84	9.43	7.75	9.68	7.95
营业额	24.19	64.95	22.84	61.67	25.98	69.01
企业主特征:						
企业主年龄	43.71	12.37	43.53	12.11	43.95	12.69
男性	0.53	0.50	0.53	0.50	0.52	0.50
小学及以下学历	0.17	0.38	0.23	0.42	0.09	0.29
初中学历	0.38	0.49	0.45	0.50	0.28	0.45
高中学历	0.27	0.44	0.23	0.42	0.33	0.47
大专及以上学历	0.18	0.38	0.09	0.29	0.30	0.46
已婚	0.88	0.32	0.90	0.30	0.85	0.35
城镇户口	0.43	0.50	0.00	0.00	1.00	0.00
风险偏好	0.39	0.49	0.36	0.48	0.42	0.49
风险厌恶	0.56	0.50	0.58	0.49	0.54	0.50
风险态度不确定	0.05	0.22	0.06	0.23	0.04	0.19
家庭特征:						
家庭规模	3.75	1.44	3.93	1.48	3.53	1.34
当地拥有住房	0.82	0.39	0.78	0.41	0.87	0.34
家庭净财富(万元)	101.38	142.03	89.25	132.73	117.35	151.99
当地社会网络	0.38	0.48	0.37	0.48	0.39	0.49
观测值	3 243		1 841		1 402	

注:为了减少异常值的影响,我们对连续变量在上下 1% 进行缩尾处理。

表 4.15 是对 CMES 2015 回归样本的描述性统计。统计结果显示,约 48% 的正规小微企业有贷款需求,说明其融资需求较高,其中 23% 的企业持

表 4.15   变量描述性统计(CMES 2015 样本)

	均值	标准差	最小值	中位数	最大值
被解释变量					
银行贷款可得	0.23	0.42	0.00	0.00	1.00
银行贷款需求	0.48	0.50	0.00	0.00	1.00
关键变量					
金融素养得分	1.41	0.95	0.00	1.00	3.00
金融素养综合指数	0.05	0.61	−1.50	0.20	0.61
控制变量					
企业特征:					
企业年龄	8.74	7.05	1.00	7.00	35.00
员工数	23.52	40.44	1.00	10.00	289.00
营业额(万元)	639.27	1 539.15	1.50	110.00	10 000.00
独资企业	0.37	0.48	0.00	0.00	1.00
合伙企业	0.11	0.31	0.00	0.00	1.00
有限责任公司	0.46	0.50	0.00	0.00	1.00
股份有限公司	0.04	0.20	0.00	0.00	1.00
农民合作社	0.01	0.10	0.00	0.00	1.00
企业主特征:					
企业主年龄	43.44	10.29	24.00	43.00	68.00
男性	0.83	0.38	0.00	1.00	1.00
小学及以下学历	0.06	0.24	0.00	0.00	1.00
初中学历	0.25	0.43	0.00	0.00	1.00
高中学历	0.33	0.47	0.00	0.00	1.00
大专及以上学历	0.36	0.48	0.00	0.00	1.00
风险厌恶	0.34	0.47	0.00	0.00	1.00
观测值	1 279				

注:为了减少异常值的影响,我们对连续变量在上下 1% 进行缩尾处理。

有银行贷款,约占有贷款需求企业的 48%,说明有超过一半的正规小微企业

贷款需求未得到满足。就金融素养而言,三个问题中正规小微企业主平均

回答正确 1.41 个问题,说明总体来看,中国正规小微企业主的金融素养水平

也相对较低。就企业特征来看,企业的平均年龄为 8.74 年,平均员工数为 23.52 人,平均年营业额为 639.27 万元。有限责任公司(46%)是正规小微企业的主要组织形式,其次为独资企业(37%),合伙企业约占 11%,股份有限公司仅占 4%,而农民合作社则以 1%垫底。企业主的平均年龄是 43.44 岁,83%为男性,约 31%的受教育水平在初中及以下,36%的企业主受教育水平在大专及以上,66%的企业主偏好风险。

上述描述性统计比较表明,两类企业在企业规模、组织形式和企业主特征方面存在显著差异。因此,区分正规和非正规小微企业是十分必要的。

4.3.4　模型设定

本章的被解释变量是二值哑变量,因此我们采用 Probit 模型进行估计,模型设定如式(4.1)所示:

$$\mathrm{Prob}(FC_i=1)=\Phi(\alpha+\beta FL_i+\gamma Controls_i+Industry_c+Province_v)$$

$$(4.1)$$

其中,FC_i 是银行贷款可得哑变量。FL_i 是企业主的金融素养得分或金融素养综合指数。$Controls_i$ 代表一系列特征变量,包括企业层面、企业主层面和家庭层面的相关特征变量。企业特征变量包括企业年龄及年营业额;企业主特征变量包括年龄、性别、受教育程度、婚姻状况、风险态度和户口类型;家庭特征变量包括家庭规模、是否在现居住城市或现居住县拥有自有住房、排除工商业外的净财富对数值以及当地社会网络。$Industry_c$ 和 $Province_v$ 分别表示省份固定效应和行业固定效应,Φ 是正态分布下的累积密度函数。

4.4　实证结果分析

4.4.1　基本回归和工具变量估计

表 4.16 报告了基于模型式(4.1)的回归结果,估计系数为平均边际效应。第(1)列使用金融素养得分作为解释变量。对于非正规小微企业,企业主金融素养得分的回归系数在 1% 的统计水平上显著为正;其回归系数表明,平均每多正确回答一个问题,非正规小微企业获得银行贷款的可能性增加 1.4 个百分点。也就是说,如果企业主金融素养得分增加一个标准差,平均而言,将促使小微企业银行贷款可得性增加 14%,因此,这个效应在经济上也是显著的。我们使用金融素养综合指数作为解释变量,得到了类似的结果。在控制变量方面,年营业额的对数值的回归系数显著为正,这与之前的研究结论一致,即规模越大、越成熟的企业越有可能获得银行贷款(Andrieu et al.,2018)。然而,与以往的研究结果[如 Vos 等(2007)]相反,我们发现企业年龄的影响往往是负面的。考虑到非正规小微企业的性质,这或许是合理的:经营一家非正规组织形式的小微企业多年而未转换为正规组织形式,更可能意味着该小微企业缺乏增长潜力。此外,企业主的风险态度对企业信贷的使用很重要(González et al.,2013)。风险厌恶的企业主获得银行贷款的机会较低。对风险的态度反映了企业主对债务的态度,过往研究表明,厌恶风险的人更不愿意通过借贷为有风险的投资项目融资。最后,当企业主的家庭规模较大时,非正规企业更有可能获得银行贷款。一个可能的解释是:家庭规模越大,企业主可提供的担保或抵押品越多,从而

表 4.16　金融素养对非正规小微企业银行贷款可得性的影响

	(1) Probit	(2) Probit	(3) IV-Probit	(4) IV-Probit
金融素养得分	0.014***		0.059*	
	(2.59)		(1.88)	
金融素养综合指数		0.019**		0.104**
		(2.08)		(2.03)
企业年龄	−0.001*	−0.001*	−0.001*	−0.001*
	(−1.83)	(−1.81)	(−1.72)	(−1.68)
年营业额对数值	0.027***	0.027***	0.027***	0.027***
	(7.43)	(7.33)	(7.20)	(6.88)
企业主年龄	−0.000	−0.000	−0.000	0.000
	(−1.07)	(−1.06)	(−0.06)	(0.41)
男性	−0.012	−0.012	−0.016	−0.016
	(−1.31)	(−1.22)	(−1.55)	(−1.47)
初中学历	−0.011	−0.012	−0.020	−0.031
	(−0.67)	(−0.75)	(−1.14)	(−1.50)
高中学历	0.022	0.020	0.008	−0.009
	(1.32)	(1.18)	(0.39)	(−0.38)
大专及以上学历	0.004	0.004	−0.017	−0.029
	(0.23)	(0.19)	(−0.66)	(−1.02)
已婚	0.021	0.020	0.021	0.014
	(1.35)	(1.28)	(1.28)	(0.81)
城镇户口	−0.001	−0.001	−0.005	−0.009
	(−0.07)	(−0.09)	(−0.47)	(−0.71)
风险厌恶	−0.032***	−0.032***	−0.024**	−0.022*
	(−3.24)	(−3.26)	(−2.05)	(−1.89)
风险态度不确定	−0.078**	−0.079**	−0.057	−0.048
	(−2.46)	(−2.46)	(−1.59)	(−1.27)
家庭规模	0.013***	0.013***	0.013***	0.014***
	(3.45)	(3.50)	(3.35)	(3.42)
当地拥有住房	0.010	0.010	0.011	0.013
	(0.65)	(0.66)	(0.69)	(0.79)
家庭净财富对数值	0.007	0.007	0.005	0.003
	(1.44)	(1.45)	(0.88)	(0.60)
当地社会网络	0.003	0.003	0.004	0.002
	(0.36)	(0.30)	(0.36)	(0.20)

续表

	(1) Probit	(2) Probit	(3) IV-Probit	(4) IV-Probit
行业虚拟变量	控制	控制	控制	控制
省份虚拟变量	控制	控制	控制	控制
第一阶段 F 统计量			16.66	28.29
观测值	3 243	3 243	3 243	3 243
伪 R^2	0.144	0.143		

注:括号里报告的是异方差—稳健标准误下的 t 统计量，*** 表示 $p<0.01$，** 表示 $p<0.05$，* 表示 $p<0.1$。

更有助于工商业银行贷款的获得。

然而，如本章引言所述，金融素养可能是内生的。一个可能的内生渠道是企业主的金融素养可能是在金融市场的实践过程中提高的，例如，企业主通过金融市场交易不断积累金融知识，从而提高金融素养。此外，金融素养和金融市场参与可能跟某些不可观测的遗漏因素同时相关。为了缓解这些可能的内生性问题，我们使用社区层面的平均金融素养水平作为企业主金融素养的工具变量。如 Lusardi 和 Mitchell(2014)所指出的，个体的金融素养会在与周围的人进行交流互动的过程中受到影响，但同时，可以认为周围其他人的金融素养对个体金融决策没有直接影响，是相对外生的，因此符合工具变量有效性的条件。表 4.16 的第(3)列和第(4)列报告了 IV-Probit 的估计结果。不管是金融素养得分还是金融素养综合指数，第一阶段工具变量的系数都是显著的，并且模型的 F 统计量均通过了弱工具变量检验(Stock and Yogo，2005)。第二阶段估计结果显示，金融素养得分和金融素养综合指数的回归系数分别在 10％ 和 5％ 的统计水平上显著。因此认为企业主的金融素养对非正规小微企业信贷可得性的正向影响是可靠的。

我们预期金融素养的促进作用对于正规小微企业不会那么明显。遗憾的是，在 CHFS 2015 的调查中，正规组织形式的小微企业数量较少，而且未收集这小部分正规组织形式企业创办年份、行业等企业关键信息,因此无法通过 CHFS 2015 数据来验证这一假说。对此,我们转向 CMES 2015 数据来检验这一假说。表 4.17 是基于 CMES 2015 回归样本的 Probit 估计结果,估计系数为平均边际效应。结果表明,企业主的金融素养对正规小微企业的银行贷款可得性的确没有显著影响。而就其他变量而言,我们发现营业规模越大的企业越可能拥有银行贷款。此外,还有一个有趣的发现是,对于正规小微企业,企业主受教育程度越高,企业获得银行贷款的可能性越低。这可能是因为企业主教育程度越高,其越容易从其他替代性融资渠道获得资金。综上所述,本章的假说 4.1 得到验证。

表 4.17　金融素养对正规小微企业银行贷款可得性的影响

	（1） Probit	（2） Probit
金融素养得分	−0.009	
	（−0.76）	
金融素养综合指数		−0.022
		（−1.14）
企业年龄	−0.001	−0.001
	（−0.42）	（−0.49）
员工数	0.000	0.000
	（0.79）	（0.76）
年营业额对数值	0.045 ***	0.045 ***
	（6.05）	（6.12）
合伙企业	−0.075 *	−0.075 *
	（−1.91）	（−1.93）
有限责任公司	−0.050 *	−0.049 *
	（−1.96）	（−1.94）
股份有限公司	−0.091	−0.090
	（−1.50）	（−1.49）
农民合作社	0.081	0.077
	（0.75）	（0.72）
企业主年龄	−0.001	−0.001
	（−0.43）	（−0.50）

续表

	(1) Probit	(2) Probit
男性	−0.007	−0.007
	(−0.22)	(−0.23)
初中学历	−0.028	−0.023
	(−0.58)	(−0.48)
高中学历	−0.087*	−0.082*
	(−1.79)	(−1.65)
大专及以上学历	−0.096*	−0.089*
	(−1.90)	(−1.76)
风险厌恶	0.002	−0.001
	(0.06)	(−0.03)
行业虚拟变量	控制	控制
省份虚拟变量	控制	控制
观测值	1 279	1 279
伪 R^2	0.151	0.151

注:括号里报告的是异方差—稳健标准误下的 t 统计量,*** 表示 $p<0.01$,** 表示 $p<0.05$,* 表示 $p<0.1$。

4.4.2　异质性分析

为识别潜在的机制,本小节将探讨金融素养和非正规小微企业银行贷款获取之间的正向关系是否在一些横截面特征上呈现一定的异质性。

首先关注户口类型。表 4.18 报告了企业主户口类型分组的估计结果,结果显示金融素养对小微企业正规金融可得性的正向影响仅存在于企业主持有农村户口的企业中,当企业主持有城镇户口时,金融素养与企业正规金融可得性之间不存在显著的相关关系,这验证了本章的假说 4.2。如表 4.14 所示,持有城镇户口的企业主的平均金融素养得分显著高于持有农村户口所有者(分别为 1.34 和 1.11),金融素养综合指数情况亦是如此(分别为 0.39

和 0.18)。这部分解释了为什么金融知识只对拥有农村户口的企业主重要。鉴于此,在本章接下来的分析中,我们把研究样本限定在企业主持有农村户口的企业。

表 4.18　金融素养对非正规小微企业贷款可得性的影响(分样本)

	(1)	(2)	(3)	(4)
	农村户口		城镇户口	
金融素养得分	0.029 ***		−0.007	
	(4.05)		(−0.90)	
金融素养综合指数		0.028 **		0.003
		(2.51)		(0.18)
控制变量	控制	控制	控制	控制
行业虚拟变量	控制	控制	控制	控制
省份虚拟变量	控制	控制	控制	控制
观测值	1 818	1 818	1 395	1 395
伪 R^2	0.185	0.176	0.139	0.138

注:括号里报告的是异方差—稳健标准误下的 t 统计量,*** 表示 $p<0.01$,** 表示 $p<0.05$,* 表示 $p<0.1$。

其次是区域金融发展水平。进一步探索金融素养(需求侧)和区域金融发展水平(供给侧)如何相互作用是很有趣的。二者是相互替代关系还是互补关系呢? 基于全部调查样本中城镇家庭是否存在银行贷款(例如,因工商业、购房相关、购车、教育及医疗等持有银行贷款),我们构建了社区层面正规金融可得性的比例。①然后,我们按照社区金融发展水平中位数将持有农村户口的企业样本分为两组,对表 4.16 的第(1)列和第(2)列进行重新估计,结果如表 4.19 所示。估计结果表明,金融素养的系数仅在处于金融发展水平较低区域的企业中显著为正,对于处于金融发展水平较高区域的企业组,

———————

① 构建比例时使用全部调查家庭,即有工商业家庭和非工商业家庭,但家庭本身被排除。

金融素养的系数显著变小且不再显著。该结论在使用金融素养综合指数作为解释变量时仍成立。我们的发现表明，金融素养和区域金融发展水平是相互替代关系而不是互补关系。这一结论与 Grohmann 等（2018）的发现相呼应，他们发现在国家层面上，金融素养水平与银行账户持有显著正相关，且这种关系在金融部门欠发达的国家中更显著。以上结论支持了本章的假说 4.3。

表 4.19　金融素养对非正规小微企业贷款可得性的影响（分样本）

区域金融发展	(1)	(2)	(3)	(4)
	低区域金融发展		高区域金融发展	
金融素养得分	0.039***		0.019	
	(4.52)		(1.11)	
金融素养综合指数		0.037***		0.016
		(2.69)		(0.63)
控制变量	控制	控制	控制	控制
行业虚拟变量	控制	控制	控制	控制
省份虚拟变量	控制	控制	控制	控制
观测值	1 099	1 099	504	504
伪 R^2	0.220	0.199	0.167	0.165

注：括号里报告的是异方差—稳健标准误下的 t 统计量，*** 表示 $p<0.01$，** 表示 $p<0.05$，* 表示 $p<0.1$。

4.4.3　机制分析

一般而言，企业在获取银行贷款的过程中会经历三个阶段，即确定是否有贷款需求、是否提交贷款申请以及是否获得银行贷款。参照 Cole 和 Sokolyk（2016）的做法，得益于数据的可得性，我们能够分别分析这三个序列过程：（1）企业是否有银行信贷需求；（2）如果有信贷需求，企业是否向银行申请贷款;(3)假定企业提交了银行贷款申请,贷款申请是否获批。估计结果如 4.20 所示,结果表明,金融素养通过释放贷款需求,提高贷款申请和贷款获批的可能性,进而对提高小微企业信贷可得性发挥重要作用。

表 4.20　金融素养对非正规小微企业贷款可得性的影响(机制分析)

	(1)	(2)	(3)	(4)	(5)	(6)
	银行信贷需求		申请银行贷款		获得银行贷款	
金融素养得分	0.030 ***		0.055 *		0.056 *	
	(3.19)		(1.75)		(1.72)	
金融素养综合指数		0.036 ***		0.019		0.079 **
		(2.59)		(0.39)		(2.03)
控制变量	控制	控制	控制	控制	控制	控制
行业虚拟变量	控制	控制	控制	控制	控制	控制
省份虚拟变量	控制	控制	控制	控制	控制	控制
观测值	1 818	1 818	261	261	128	128
伪 R^2	0.129	0.127	0.158	0.151	0.499	0.496

注:括号里报告的是异方差—稳健标准误下的 t 统计量,*** 表示 $p<0.01$, ** 表示 $p<0.05$, * 表示 $p<0.1$。

4.4.4　稳健性检验

为检验已有结果的可靠性,我们进行了一系列稳健性检验。如表 4.18 所示,只有在企业主持有农村户口的样本中,金融素养与小微企业银行贷款可得性之间才存在显著正向关系。但是,一个潜在的担忧是,金融素养较低的农村户口企业主会选择性地在金融发展水平普遍较低的小城市经营工商业项目。如果是这样的话,那么表 4.18 的结果可能仅反映了较低的金融素养与较低的区域金融发展水平相关,而不是金融素养的促进效应。为了应对这种担忧,我们首先分析了农村户口企业主和城镇户口企业主的区域分布。具体而言,我们把城市分为两个级别:第一级别是 35 个主要城市;第二级别是除 35 个主要城市外的其他城市。如表 4.21 所示,企业主持有农村户口的企业与企业主持有城镇户口的企业分布是可比的,这表明农村户口企业主的区域选择问题是次要的。因此,本章的主要结果不太可能是由选择问题驱动的。

表 4.21   非正规小微企业分布:按照企业主户口类型和所处城市级别

	农村户口		城镇户口	
	数量	比例(%)	数量	比例(%)
35 个主要城市	907	49.3	758	54.1
其他城市	934	50.7	644	45.9
总计	1 841	100	1 402	100

其次,我们通过控制城市固定效应以捕捉区域金融发展水平的潜在效应。如表 4.22 所示,在控制了城市固定效应后,本章的结果仍保持稳健。

表 4.22   金融素养对非正规小微企业银行贷款可得性的影响(控制城市固定效应)

变 量	(1) Probit	(2) Probit	(3) IV-Probit	(4) IV-Probit
金融素养得分	0.013**		0.078*	
	(2.03)		(1.80)	
金融素养综合指数		0.018*		0.139*
		(1.75)		(1.79)
控制变量	控制	控制	控制	控制
行业虚拟变量	控制	控制	控制	控制
城市虚拟变量	控制	控制	控制	控制
第一阶段 F 统计量			11.45	16.27
观测值	2 823	2 823	2 823	2 823
伪 R^2	0.181	0.181		

注:括号里报告的是异方差—稳健标准误下的 t 统计量,*** 表示 $p<0.01$, ** 表示 $p<0.05$,* 表示 $p<0.1$。

再次,我们使用了城镇户口样本重新估计了表4.19。如表4.23所示,金融素养指标在区域金融发展水平较低组为正,而在区域金融发展水平较高组为负,但均不显著。这进一步证实了本章的观点,即金融素养对小微企业银行贷款可得性的影响的确只存在于企业主持有农村户口的企业中。

表 4.23   金融素养对非正规小微企业信贷可得性的影响(城镇户口样本)

	(1)	(2)	(3)	(4)
	低区域金融发展水平		高区域金融发展水平	
金融素养得分	0.004		−0.024	
	(0.44)		(−1.37)	
金融素养综合指数		0.008		−0.014
		(0.46)		(−0.49)
控制变量	控制	控制	控制	控制
行业虚拟变量	控制	控制	控制	控制
省份虚拟变量	控制	控制	控制	控制
观测值	788	788	511	511
伪 R^2	0.210	0.210	0.133	0.129

注:括号里报告的是异方差—稳健标准误下的 t 统计量,*** 表示 $p<0.01$,** 表示 $p<0.05$,* 表示 $p<0.1$。

最后,我们也尝试替换被解释变量以检验主要结果的稳健性。表4.24将银行贷款可得性哑变量替换成银行贷款金额与工商业总资产的比值[①],仍得到稳健的结果。

表 4.24   金融素养对非正规小微企业信贷融资额的影响(Tobit 估计)

	(1)	(2)	(3)	(4)	(5)	(6)
	全样本		农村户口		城镇户口	
金融素养得分	0.038**		0.053***		0.002	
	(2.57)		(3.51)		(0.12)	

----

① 样本丢失是因为限定家庭只参与一个工商业项目。

续表

	(1)	(2)	(3)	(4)	(5)	(6)
	全样本		农村户口		城镇户口	
金融素养综合指数		0.031*		0.037**		0.015
		(1.85)		(2.11)		(0.60)
控制变量	控制	控制	控制	控制	控制	控制
行业虚拟变量	控制	控制	控制	控制	控制	控制
省份虚拟变量	控制	控制	控制	控制	控制	控制
观测值	3 028	3 028	1 833	1 833	1 393	1 393
伪 R^2	0.097	0.095	0.139	0.133	0.105	0.105

注:括号里报告的是异方差—稳健标准误下的 t 统计量,*** 表示 $p<0.01$, ** 表示 $p<0.05$, * 表示 $p<0.1$。

4.5 小结

本章运用两个具有全国代表性的数据集 CHFS 2015 和 CMES 2015,考察了企业主金融素养对小微企业银行贷款可得性的影响。结果发现,企业主金融素养只对非正规小微企业的银行贷款可得性有促进作用,对正规小微企业则没有显著影响,该结论在处理了潜在的内生性及可能的干扰因素后保持稳健。我们还发现,金融素养的促进作用只存在于企业主拥有农村户口的非正规小微企业样本中,并且在金融发展水平较低的区域更为明显,表明金融素养和区域金融发展水平之间存在替代关系。进一步的机制研究表明,当企业主的金融素养较高时,非正规小微企业更可能有银行信贷需求,也更可能向银行提交贷款申请,同时其贷款申请获批的可能性更高。

众多理论和实证研究从资金供给的角度解释了中国小微企业面临的"贷款难"问题,并从中获得了有益的启示。尽管中国金融市场改革不断深化,小微企业的外部融资环境得到改善,但小微企业的"贷款难"问题仍未得到根本性解决。本章的研究从需求侧即企业主的角度,试图为这一问题提供新的解释,为现有研究提供新的补充。

本章的结论不仅支持世界银行提高金融素养以促进发展中国家经济增长的观点,还从两个方面对其进行了扩展。首先,本章发现,金融素养对银行贷款可得性的促进作用只存在于非正规小微企业中,并且依企业主的户口类型的不同而存在显著差异,这提示通过针对企业主进行金融素养教育,可以提高非正规小微企业的金融包容水平,更有针对性地服务弱势群体。这与共同富裕的理念相契合,特别是在金融包容的大背景下,确保贷款机会平等地惠及各类小微企业,能够促进经济增长的公平性。其次,本章的发现还表明,这种影响在金融发展水平较低的地区更为明显。这表明个人金融素养与制度金融发展水平(或所谓的"制度金融素养")在提高银行信贷可得性上存在替代关系,但是提升地区金融发展水平的成本似乎低于提高个人金融素养的成本。这启示我们,在追求共同富裕的进程中,不仅需要提高个体金融素养,还需加强地区金融发展,为小微企业提供多样化且便捷的融资途径,以实现全面共同富裕的目标。

通过增强企业主的金融素养,优化金融发展环境,有望推动小微企业全面发展,实现共同富裕的目标。然而,在实践中,还需要进一步开展成本效益分析,以制定更为具体的政策措施,推动共同富裕的实现。

附表

附表 4.1　变量说明(CHFS 2015)

变　　量	定　　义
被解释变量	
银行贷款可得	哑变量,如果家庭企业目前有银行贷款为 1,否则为 0
银行贷款需求	哑变量,如果家庭企业有银行信贷需求为 1(包括:目前有银行贷款,需要银行贷款但未申请,需要银行贷款但申请被拒或需要银行贷款且正在申请),否则为 0
关键变量	
金融素养得分	关于利率计算、通货膨胀理解及风险分散化理解的三个问题回答正确的问题数
金融素养综合指数	基于迭代主因子法构建的金融素养综合指标
控制变量	
企业特征:	
企业年龄	等于问卷调查年份(2015 年)减去工商业项目创建年份
年营业额	工商业年总营业收入,单位为万元
企业主特征:	
企业主年龄	等于问卷调查年份(2015 年)减去企业主出生年份
男性	哑变量,如果企业主是男性为 1,否则为 0
受教育程度	哑变量,企业主的受教育程度分为四组,其中小学文化程度及以下为参照组,另外三组分别是初中、高中(包括职业高中)、大专及以上
已婚	哑变量,如果企业主已婚为 1,否则为 0
城镇户口	哑变量,如果企业主持有城镇户口为 1,否则为 0
风险厌恶	哑变量,被问"如果你有充足的钱,以下投资项目选择你更想投资哪一个?"时,如果受访者回答"略低风险,略低回报"和"不愿意承担任何风险"则为 1,否则为 0
家庭特征:	
家庭规模	家庭总人口数
当地拥有住房	哑变量,如果家庭在现居住城市或现居住县有住房为 1,否则为 0

续表

变　　量	定　　义
家庭净财富	等于家庭总资产减去总负债,不包括工商业相关的资产和负债,单位为万元
当地社会网络	哑变量,如果企业主在现居住城市有 6 个以上有血缘关系的亲戚为 1,否则为 0

附表 4.2　变量说明(CMES 2015)

变　　量	定　　义
被解释变量	
银行贷款可得	哑变量,如果小微企业目前有银行贷款为 1,否则为 0
银行贷款需求	哑变量,如果小微企业有银行信贷需求为 1(包括:目前有银行贷款,需要银行贷款但未申请,需要银行贷款但申请被拒或需要银行贷款且正在申请),否则为 0
关键变量	
金融素养得分	关于利率计算、通货膨胀理解及风险分散化理解的三个问题回答正确的问题数
金融素养综合指数	基于迭代主因子法构建的金融素养综合指标
控制变量	
企业特征:	
企业年龄	等于问卷调查年份(2015 年)减去企业实际开始经营年份
员工数	企业总雇佣员工数,包括正式员工和非正式员工
年营业额	企业年总营业收入,单位为万元
企业组织形式	哑变量,企业的组织形式分为五组,其中独资企业为参照组,另外四组分别是合伙企业、有限责任公司、股份有限公司和农民合作社
企业主特征:	
企业主年龄	等于问卷调查年份(2015 年)减去企业主出生年份
男性	哑变量,如果企业主是男性为 1,否则为 0
受教育程度	哑变量,企业主的受教育程度分为四组,其中小学文化程度及以下为参照组,另外三组分别是初中、高中(包括职业高中)、大专及以上
风险厌恶	哑变量,被问"如果你有充足的钱,以下投资项目选择你更想投资哪一个?"时,如果企业主回答"略低风险,略低回报"和"不愿意承担任何风险"则为 1,否则为 0

第 5 章　信贷约束对小微企业自助融资的影响研究

5.1　引言

小微企业在创造就业岗位和支撑国民经济增长中均发挥着举足轻重的作用。然而,由于严重的信息不透明问题,银行等金融机构往往对有小额贷款需求的小微企业采取信贷配给政策(Stiglitz and Weiss,1981;Berger and Udell,1998)。提供抵押品或关系型贷款可以部分解决小微企业的信息不透明问题(Stiglitz and Weiss,1981;Berger and Udell,1995),但遗憾的是,这两种渠道在中国均存在约束。首先,由于小微企业普遍资产规模较小,缺乏符合银行要求的有效担保或抵押资产,因此通过提供抵押担保来提高小微企业银行贷款可得性的作用有限。其次,在中国由大银行占绝对主导的金融体系背景下,以小银行为主力的关系型贷款覆盖率较低。小微企业难以获得银行贷款的原因,除了银行信贷配给政策导致的贷款申请被拒绝,还有在面对银行不完美的甄别策略或存在贷款申请成本的情况下,潜在借款人可能选择不向银行提交贷款申请,转而选择自我信贷配给。

　　无论是银行的信贷配给政策还是企业的自我信贷配给,都会导致小微企业存在信贷缺口,而转向替代性融资渠道来填补信贷缺口是小微企业维持正常经营与存续的必然选择。金融自助行为的有关文献表明,当传统融资渠道受限时,小微企业主会创造性地利用一切可得的金融资源来满足其融资需求,例如使用企业主个人信用为企业运营提供资金。也许是因为美国小企业获得了足够的企业信用额度授信,在美国企业主个人信用授信仅占小企业总融资负债的 0.14%(Berger and Udell,1998),这使得该自助融资策略的研究成为一个不重要的研究课题。而由于中国小微企业的信贷约束问题更加严重,因此中国的情况可能会有所不同(Cull et al.,2009)。就实践证据来看,中国小微企业主是银行信用卡授信的重要客户群体,这一类人持有多张信用卡的情况较为常见。信用卡本质上是一种面向个人的无抵押担保且可随借随还的短期金融工具,持卡人可以通过"当期消费、后期付款"的方式,改善现金流状况。

　　如前文所述,小微企业属于"企业家的企业",即小微企业主个人(家庭)与企业高度融合,二者在预算约束下作为一个整体进行消费或投资等决策,也就是在家庭和小微企业组成的"内部资金池"中进行资源分配。在这种情况下,企业的信贷约束可以被认为是家庭的信贷约束,而作为企业的所有者与日常经营管理者,小微企业主清楚地了解企业的相关信息,企业主个人授信的获得放松了其个人(家庭)所面临的预算约束,并且降低了预防性储蓄动机,进而企业主可以通过家庭"内部资金池"帮助小微企业更好地处理或有流动性问题;换言之,家庭的自有金融资源可以被用来为企业进行融资。考虑到现实的状况,这似乎是一个理性的选择:中国绝大部分小微企业拿不到银行的企业信用授信,因此,我们认为这种自助融资策略应该在中国小企业融资过程中发挥了重要作用。然而，据我们所知，到目前为止，几乎没有文献将这一研究课题置于新兴经济体背景下进行详细探讨，本章试图填补这一空白。

为了验证这一假说，我们将研究当小微企业受到信贷约束时，其企业主是否更有可能使用个人信用授信。遵循经典文献的做法（Jappelli，1990；Barham et al.，1996；Boucher et al.，2009），我们把企业有贷款需求但没有获得贷款的状态，界定为受一般信贷约束，包括有贷款需求但没有申请过（需求侧自我信贷约束）和贷款申请被拒绝（供给侧银行信贷约束）。

本章使用 CHFS 2015 数据和 CMES 2015 数据，对此问题进行研究。对于 CHFS 2015 数据，我们关注非正规小微企业，而对于 CMES 2015 数据，我们关注正规小微企业。我们首先使用 CHFS 2015 数据研究城镇地区的非正规小微企业。与预期假说一致，我们发现：当小微企业受信贷约束时，企业主的确更可能使用个人信用授信额度，在控制企业特征、企业主特征和家庭特征后，该结论仍成立。

为了识别信贷约束与小微企业主个人信用授信使用二者正向关系的潜在机制，我们将探讨这种正向关系是否在一些横截面特征上表现出异质性。研究发现，这种正向关系在企业主金融知识相对丰富的企业中更明显，说明使用自助融资方式为企业融资需要一定的金融知识。并且，在企业主厌恶风险的企业中这一正向关系也更为明显，这表明在小企业融资受限时，获取个人信用授信是一种谨慎的做法。我们进一步研究发现，即使在成熟的企业中，企业主个人信用授信使用对信贷约束的敏感性仍然存在，这表明非正规小微企业即使在运营了很长时间之后，不透明信息的问题也没有得到很好的解决。

我们接着使用 CMES 2015 数据研究正规小微企业。该调查主要针对的是小微企业法人,其优势之一在于,小微企业的最主要所有者会被直接询问目前是否使用企业主个人授信额度为他们的小微企业融资,如果回答是,调查人员会进一步询问他们为此有多少未偿债务。调查数据表明,企业主为企业担负个人信用债务在中国的小微企业中很普遍,而且数额较大。在典型的存在个人信用债务的小微企业中,企业主个人信用债务占总融资的比例与银行贷款的比例相当。接下来的问题是,这种债务是否与小微企业的信贷约束程度有关。研究结果与预期一致,我们发现当正规小微企业受到信贷约束时,企业主更有可能背负个人信用授信债务。此外,在处理自选择偏误后,上述正向关系在扩展边际和集约边际上仍然存在。与非正规小微企业类似,我们发现个人信用授信债务对信贷约束的敏感性即使在成熟的小微企业中也存在,这表明信息不对称问题在正规小微企业中也没有得到很好的解决。

　　本章与探讨个人信用授信债务在小微企业融资中的作用的相关文献密切相关。①Blanchflower 和 Evans(2004)利用 2000 年美国小企业金融调查数据,发现企业主个人信用债务是小企业放松信贷约束的重要资金来源。使用个人信用授信融资的重要性也反映在个人信用授信使用的普遍性上。Vos 等(2007)的研究表明,在 26 个详细列出的企业融资来源中,25.5%的受访小企业主使用个人信用债务,而 Neeley 和 Van Auken(2009)发现,59.3%的受访企业使用个人信用债务(如个人信用卡)为企业融资。②本章基于在金融制度和法律制度方面与西方经济体存在本质差异的新兴经济体的数据,

---

　　① 　现有的小企业融资文献主要关注银行贷款、商业信用和风险资本等资金来源(Kortum and Lerner,2000;Kerr and Nanda,2009;Andrieu et al.,2018)。

　　② 　关于信用卡对创业的影响,Chatterji 和 Seamans(2012)的研究表明,取消州级信用卡利率上限会显著促进个体的创业进入,且对于普遍受信贷约束的非洲裔个体尤为突出。使用信用卡融资在英国小企业中也很普遍,约 15%的受调查小企业报告使用信用卡融资(Department for Business Innovation and Skills,2016;Brown et al.,2019)。

呼应了 Blanchflower 和 Evans(2004)的研究。首先,我们在现有研究的基础上更进一步地解决了选择性问题;其次,虽然小微企业主个人信用授信对美国小企业是微不足道的(Berger and Udell,1998),但我们的数据表明,个人信用授信作为融资工具对中国小微企业的作用与银行贷款一样重要。

本章也与研究非正规借贷的文献相关。已有研究证实了非正规借贷在正规金融机构效率低下时的作用(Allen et al.,2005;Banerjee and Duflo,2007),我们也证明了在银行贷款不可得的情况下,自助融资方式可以帮助小企业融资。另一个值得注意的例子是,较容易获得正规金融服务的大中型企业可以利用其在业务关系上的信息优势为小微企业充当金融中介(Demirgüç-Kunt and Maksimovic,2002)。Cull 等(2009)基于中国的数据发现,业绩表现较差的国有上市企业在获得银行贷款时更倾向于扩大其商业信用的提供。他们的研究表明,来自正规金融的资金会从有融资优势但效率低下的企业重新分配到融资处于劣势但(也许)效率较高的企业,而在本章所讨论的情况中,资金来自融资上有优势的个人(个人信用)。

5.2　理论分析和研究假说

对小微企业而言,内部资金通常是有限的,而外部资金往往又难以获得,对于初创小微企业而言,情况更是如此,因此在创立的初期,它们往往面临很高的退出风险。当然,小微企业与生俱来的风险特征并不一定意味着其无法获得正规信贷融资。只要风险可观测,银行就可以通过索取更高的资金成本来补偿高风险。遗憾的是,信息不对称产生的逆向选择和道德风险问题导致银行的最优选择是对小微企业进行信贷配给(Stiglitz and

Weiss，1981)。①Berger 和 Udell(1998)进一步提出,信息不透明是小微企业寻求外部融资最主要的障碍。一般来说,银行依靠资产负债表等"硬信息"进行贷款决策,小微企业一般没有严格规范的财务系统和内部控制制度。因此,即使小微企业能够提供其财务信息,银行据此能给予多少信贷也是值得怀疑的。

一个解决办法是关系型贷款,也就是说,银行通过与借款人保持长期的关系,收集"软信息",制定适当的贷款合同条款。Berger 和 Udell(1995)发现,与银行保持较长时间关系的美国小企业支付的利率较低,也更不太可能被要求提供抵押品。信用授信额度在美国小企业融资方面也发挥着重要作用。Berger 和 Udell(1998)发现,美国小企业 52％的贷款是以信用额度的形式实现的,这在很大程度上帮助美国小企业应对或有流动性问题。有证据表明,相较于大银行,小银行更倾向于为小微企业融资②,原因有两个,一是小银行缺乏资金从而无法为大企业提供贷款,二是小银行在为小企业提供服务方面具有信息优势(Banerjee et al.，1994；Berger and Udell，1998)。

在计划经济阶段,为了支持资本密集型国有大企业的发展,中国建立了由五大国有银行为主导的金融系统。尽管中国的市场化改革已经进行了 40 多年,但高度集中的金融系统依然保持着,我们仍然看到几个国有大银行占据着大部分的市场份额。③如前文所述,大银行服务小企业的效率较低,因此

---

①　这两个问题的根源都是信息不对称。信息不对称越高,银行进行信贷配给的动机就越强,小企业的信息不对称程度更为严重。

②　Peek 和 Rosengren(1998)通过研究始于 20 世纪 80 年代中期的美国银行合并,发现大型银行与小型银行的合并或大型银行之间的合并往往会导致面向小企业的贷款减少。此外,有充分的证据表明,大银行往往专注于大企业,而小银行则专门为小企业提供服务(Berger et al.，2001；Berger et al.，2005)。

③　根据中国银保监会公布的 2021 年第四季度主要监管指标数据,在 2021 年末,中国银行业金融机构本外币资产 344.8 万亿元,其中大型商业银行本外币资产 138.4 万亿元,占比 40.1％；股份制商业银行本外币资产 62.2 万亿元,占比 18％。

与金融市场不那么集中的经济体相比,中国小微企业得到的金融服务相对较不完善。在国有银行主导金融市场的情况下,中国的银行体系往往青睐国有企业,轻视中小微企业。

因此,中小微企业转向替代性融资渠道寻求帮助。其中,随借随还的特点使得个人信用授信成为小微企业主缓解流动性约束的良好金融工具,帮助他们应对或有流动性事件。小微企业经常面临需要数万元现金补充流动资金用于企业运营周转的情况。当或有流动性事件发生时,个人信用授信额度的可得性为企业主借助家庭自有金融资源及时解决小微企业流动性冲击(例如,客户拖欠了几天货款)提供了基础。当流动性不足时(例如,员工在等着领工资时),小微企业主可以通过从家庭"内部资金池"中获得流动性来帮助企业渡过难关。如果我们的假设成立的话,那么可以预期当小微企业受到信贷约束时,企业主更有可能转向个人信用授信。这样就得到了本章的基准假说。

假说 5.1:当小微企业受信贷约束时,企业主使用个人信用授信的可能性显著更高。

由于户籍制度的存在,当迁移到城市地区时,相比持有城镇户口的家庭,持有农村户口的家庭在居住、就业、社会福利和子女入学等公共服务方面受到较多约束(Liu,2005)。我们也预期,在申请个人信用授信的过程中持有农村户口的家庭会受到银行的信贷歧视。除了户口本身,还有其他各种各样的原因会导致持有农村户口的家庭受信贷歧视,例如,与拥有城市户口的家庭相比,拥有农村户口的家庭在所处城市地区的社会网络更小,拥有房地产或信用记录的可能性更小。因此我们有理由预期,由于持有农村户口的小微企业主获得个人信用授信的渠道有限,当其企业受到信贷约束时,他们使用个人信用授信的倾向应该会更低。据此,我们提出假说 5.2。

假说 5.2：信贷约束对企业主使用个人信用授信的正向影响在企业主持有农村户口的企业中更弱。

我们预期企业主的金融知识水平会正向地影响企业主使用自助融资方式为企业融资的倾向。使用个人信用授信用于消费的操作相对简单，可能不涉及特别的金融知识。然而，使用个人信用授信用于融资目的则更加复杂。另外，保持债务并及时预借是需要一定的金融知识的。因此，我们预期，金融知识较为丰富的小微企业主更可能利用个人信用授信为企业进行自助融资，据此，我们提出本章的第三个假说。

假说 5.3：信贷约束对企业主使用个人信用授信的正向影响在企业主金融知识较丰富的企业中更强。

我们认为，中国的企业主应该会谨慎地使用自助融资方式为企业融资，这主要有两个可能的原因。其一，与美国不同的是，中国仍没有广泛实施的个人破产法。这意味着，对于个人而言，如果债务人违约，只要债务人活着，债务就不会被消灭，银行总是有权利在合乎法律法规的前提下追讨逾期债务，并且在更严重的情况下可以借由法院公布的失信被执行人名单来警示债务人的信誉。其二，小微企业主具有很强的动机及时偿还债务，以便在再次需要资金的时候保持信贷的可得性。总的来说，我们认为企业主会谨慎地使用自助融资方式为小微企业融资。

Berger 和 Udell(1998)提出的金融增长周期假说表明，在企业的初创阶段，尤其是企业的信用记录尚未建立起来时，企业更可能依赖于企业主的个人信用，随着企业的成熟和规范化，企业将逐步转向依赖企业自身信用的外部融资。在初创早期，企业不仅缺乏信用记录，其风险也更高，即使是企业主本人也不能对企业的存续能力进行很好的判断。我们的谨慎假设表明，当企业风险较大时，家庭使用自有金融资源为企业融资的倾向较低。随着企业的成长,企业面临的风险越来越小,企业主对企业的了解也越来越多。与此同时,根据过去经验,由于中国金融市场有待更进一步完善,小企业尽管经营多年,但只要仍属于小微企业规模,其信用记录就很难表现出太多的提高。综上所述,我们提出,对已经营多年的中国小微企业而言,风险效应可能大于信用改善效应,并据此提出假说 5.4。

假说 5.4:即使小微企业已经营较长的时间,信贷约束对企业主使用个人信用授信的正向影响仍然存在。

5.3 研究设计

5.3.1 数据来源和变量说明

本章使用的数据同样来自 CHFS 2015 和 CMES 2015,第 4.3.1 小节已对这两个数据库进行详细介绍,在此不再赘述。①接下来将着重对本章的变量进行说明。

(1)被解释变量。

基于 CHFS 2015 数据,根据经营小微企业的家庭是否使用信用卡,我们构造企业主个人信用授信持有变量。具体而言,如果家庭报告使用信用卡,那么个人信用授信变量等于 1,否则为 0。

基于 CMES 2015 数据,根据企业主的信用卡融资决策,我们构造了两个被解释变量,企业主个人信用授信使用哑变量和个人信用授信负债。具

---

① 由于两类信贷约束的相关问题仅在 2015 年调查问卷仔细询问,因此这里仅使用 2015 年的截面数据进行分析。

体而言,如果小微企业主回答使用个人信用卡为企业进行融资,那么个人信用授信使用变量等于 1,否则为 0;个人信用授信负债等于目前企业主使用个人信用卡为企业融资的负债额。

（2）关键变量。

CHFS 2015 和 CMES 2015 的调查问卷基于成熟的调查方法,通过一系列问题来揭示企业的信贷配给状况。根据企业主对问题的回答,我们将企业分为受正规信贷约束和不受正规信贷约束两类（Jappelli，1990；Barham et al.，1996；Boucher et al.，2009）。首先,我们要区分两种情况,即企业是否持有银行贷款。当企业有银行贷款时,我们将其界定为能够获得正规融资,因此不受正规信贷约束。对于没有银行贷款的企业,我们首先确定它是否有贷款需求,如果没有贷款需求,则将企业界定为不受正规信贷约束;如果有贷款需求,则将回答"未申请银行贷款"或"贷款申请被拒绝"的企业界定为受信贷约束。由此,我们构建了企业一般信贷约束哑变量,如果企业在获得银行贷款方面受到任何一类信贷约束,其就等于 1,否则为 0。根据没有银行贷款的原因是"未提交贷款申请"还是"贷款申请被拒绝",我们分别定义了两类信贷约束,即自我信贷约束和银行信贷约束。图 5.1 是两类信贷约束定义的逻辑图。我们预期,受自我信贷约束的小微企业在获得正规融资方面受到更大的限制,因为企业主很可能预期贷款申请不会获得批准,因此选择不去尝试。

（3）控制变量。

遵循已有文献的做法（Haynes et al.，1999；Yilmazer and Schrank，2006；Muske et al.，2009）,我们在 CHFS 样本回归模型中分别加入企业层面、企业主层面和家庭层面的特征变量。[①]企业特征包括企业年龄、员工数、

---

① 　CHFS 问卷的家庭受访者需要满足两个条件:一是最了解家里财务状况;二是必须年满 16 周岁。后续我们进一步将样本限定为同时是户主的受访者,进行稳健性检验。

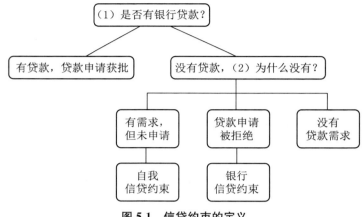

图 5.1　信贷约束的定义

资产负债率、年营业额；企业主个人特征包括年龄、性别、婚姻状况、受教育程度、风险态度、是否参加过金融相关课程、金融信息关注度[①]、健康状况和户口类型；家庭特征包括家庭规模、是否有 16 岁以下孩子[②]、是否有达到法定退休年龄的家庭成员、持有的现金总额、排除工商业外的家庭净财富、家庭在当地的社会网络。此外，为控制个人信用授信的普及程度对家庭或企业主使用自助融资的影响，我们在回归中加入了社区内其他家庭个人信用授信使用的比例，作为个人信用授信使用普及率的代理变量。最后，考虑到行业异质性和地区差异，我们还控制了行业固定效应和省份固定效应，相关变量详细说明见附表 5.1。

　　而对于 CMES 2015 回归样本，我们则控制了企业层面和企业主层面的相关特征，企业特征包括企业年龄、员工数、资产负债率、年营业额和组织形

[①]　需要说明的是，与第 4 章使用利率、复利的计算能力，对通货膨胀的理解，以及对风险分散化的认识三个基本问题衡量的受访者金融素养水平不同，在本章和第 6 章的研究中，金融素养是控制变量，因此，为尽可能地缓解金融素养的内生性，本章及第 6 章使用相对外生的"是否修过金融、经济类相关课程"及对金融经济类信息的关注度来衡量受访者的金融知识水平。

[②]　《中华人民共和国劳动法》第十五条规定，禁止用人单位招用未满 16 周岁的未成年人，未满 18 周岁但已年满 16 周岁为未成年工，并且国家统计局的统计口径把年满 16 周岁的人即算作劳动力，因此这里选择 16 周岁作为临界值。

式;企业主特征则包括年龄、性别、受教育程度、金融知识和风险态度。类似地,考虑到行业异质性和地区差异,我们还控制了行业固定效应和省份固定效应,相关变量详细说明见附表 5.2。

5.3.2　模型设定

CHFS 回归样本中的被解释变量是哑变量,因此我们使用 Probit 模型估计企业的信贷约束如何影响家庭个人信用授信使用的可能性。具体模型设定如式(5.1)。

$$\text{Prob}(Credit_i = 1) = \Phi(\alpha_0 + \alpha_1 FC_i + \alpha_2 Busi\_char_i + \alpha_3 Resp\_char_i$$
$$+ \alpha_4 Hous\_char_i + Industry_c + Province_v) \quad (5.1)$$

其中,$Credit_i$ 表示个人信用授信使用的哑变量;FC_i 是信贷约束哑变量,分别为一般信贷约束、自我信贷约束或银行信贷约束;$Busi\_char_i$ 是企业特征变量,包括员工数、企业年龄、资产负债率和年营业额;$Resp\_char_i$ 是企业主特征,包括年龄、性别、受教育程度、婚姻状况、风险态度、是否参加过金融相关课程、金融信息关注度、健康状况和户口类型;$Hous\_char_i$ 是家庭层面特征变量,包括家庭规模、是否有 16 岁以下孩子、是否有达到法定退休年龄的家庭成员、持有的现金总额、排除工商业外的家庭净财富、家庭在当地的社会网络、社区个人信用授信的使用密度;$Industry_c$ 和 $Province_v$ 分别是行业固定效应和省份固定效应;Φ 是正态分布下的累积密度函数。

如前文变量说明所述,CMES 2015 的调查问卷不仅询问正规小微企业主目前是否使用个人信用授信为企业融资,还进一步询问了尚未偿还的个人授信负债金额。因此,我们分别构造了个人信用授信使用哑变量和个人信用授信负债两个变量来衡量小微企业主使用个人信用授信为企业融资的扩展边际和集约边际情况。相应地,模型设定分别如式(5.2)和式(5.3)所示:

$$\text{Prob}(Credit_i = 1) = \Phi(\beta_0 + \beta_1 FC_i + \beta_2 Busi\_char_i + \beta_3 Owner\_char_i \\ + Industry_c + Province_v) \tag{5.2}$$

其中,$Credit_i$ 表示正规小微企业主是否使用个人信用授信为企业融资;FC_i 是信贷约束哑变量,分别为一般信贷约束、自我信贷约束或银行信贷约束;$Busi\_char_i$ 是企业特征变量,包括员工数、企业年龄、资产负债率、年营业额和企业组织形式;$Owner\_char_i$ 是企业主特征,包括年龄、性别、受教育程度、风险态度、是否参加过金融相关课程、金融信息关注度。类似地,$Industry_c$ 和 $Province_v$ 分别是行业固定效应和省份固定效应;Φ 是正态分布下的累积密度函数。

由于很多企业的企业主个人信用授信负债为零,而 Tobit 模型可以处理零点截断的情况,因此,我们采用 Tobit 模型估计正规小微企业信贷约束如何影响企业主为企业融资背负的个人信用授信负债。相应地,Tobit 模型设定如式(5.3)所示:

$$Pdebt_i = \gamma_0 + \gamma_1 FC_i + \gamma_2 Busi\_char_i + \gamma_3 Owner\_char_i + Industry_c \\ + Province_v + \varepsilon_i \tag{5.3}$$

其中,$Pdebt_i$ 表示企业主个人信用授信负债,其他变量的定义与式(5.2)一致。

5.4 实证结果分析:信贷约束与非正规小微企业自助融资

5.4.1 描述性统计

本章样本筛选过程与第 4 章中的样本筛选过程较为一致,唯一的不同是控制变量不同,因此在"剔除变量存在缺失的样本"这一步骤中存在差异。为避免重复,本章样本筛选过程不再赘述,接下来将直接介绍回归样本的统计性描述。

表 5.1 是 CHFS 2015 回归样本的统计性描述。个人信用授信在城市地区有企业的家庭中普及率相对较高,有 31% 的家庭使用个人信用授信。参与抽样调查的这些企业都是小型企业,平均雇用 3.2 名员工(包括家庭成员),最高雇用人数为 27 人。企业的平均年龄是 9.3 年。8% 的企业受到信贷约束(一般信贷约束),其中 6% 受到自我信贷约束,2% 受到银行信贷约束。这一比例相对较低,可能是因为非正规小微企业通常增长潜力较小,因此不太可能有资金需求。

表 5.1　描述性统计(CHFS 2015 样本)

	均值	标准差	最小值	中位数	最大值
被解释变量					
个人信用授信使用	0.31	0.46	0.00	0.00	1.00
关键变量					
一般信贷约束	0.08	0.26	0.00	0.00	1.00
自我信贷约束	0.06	0.23	0.00	0.00	1.00
银行信贷约束	0.02	0.13	0.00	0.00	1.00
控制变量					
企业特征:					
企业年龄	9.30	7.57	0.00	7.00	33.00
资产负债率	0.18	0.62	0.00	0.00	4.00
员工数	3.20	4.37	1.00	2.00	27.00
年营业额(万元)	26.74	67.32	0.20	7.00	450.00
企业主特征:					
企业主年龄	42.94	12.17	20.00	42.00	76.00
男性	0.53	0.50	0.00	1.00	1.00
已婚	0.88	0.32	0.00	1.00	1.00
小学及以下学历	0.16	0.36	0.00	0.00	1.00

续表

	均值	标准差	最小值	中位数	最大值
初中学历	0.35	0.48	0.00	0.00	1.00
高中学历	0.29	0.45	0.00	0.00	1.00
大专及以上学历	0.21	0.41	0.00	0.00	1.00
农村户口	0.49	0.50	0.00	0.00	1.00
城镇户口	0.47	0.50	0.00	0.00	1.00
居民统一户口	0.05	0.21	0.00	0.00	1.00
风险厌恶	0.56	0.50	0.00	1.00	1.00
是否参加过金融相关课程	0.10	0.29	0.00	0.00	1.00
信息关注度高	0.14	0.35	0.00	0.00	1.00
信息关注度一般	0.30	0.46	0.00	0.00	1.00
信息关注度低	0.31	0.46	0.00	0.00	1.00
信息关注度很低	0.25	0.43	0.00	0.00	1.00
健康状况差	0.07	0.26	0.00	0.00	1.00
家庭特征：					
家庭规模	3.67	1.33	1.00	3.00	14.00
有 16 岁以下孩子	0.52	0.50	0.00	1.00	1.00
有达退休年龄的老人	0.32	0.47	0.00	0.00	1.00
家庭净财富(万元)	101.11	142.82	0.40	52.02	907.63
现金持有(万元)	9.18	18.21	0.00	2.50	120.50
当地社会网络	0.37	0.48	0.00	0.00	1.00
社区个人信用授信使用密度	0.24	0.17	0.00	0.21	0.94
观测值	3 268				

注：为了缓解异常值的影响，我们对连续变量在上下 1% 进行缩尾处理。

5.4.2　基本回归

表 5.2 是基于式(5.1)的基准回归结果，报告的估计系数是平均边际效应。第(1)列的解释变量是一般信贷约束，被解释变量是个人信用授信使用，一般信贷约束的系数显著为正，其系数表明如果非正规小微企业受信贷约束，小微企业所在家庭使用个人信用授信的可能性将增加 12.5 个百分点，

与个人信用授信平均 31% 的持有概率相比,这种效应在经济上也是显著的。为了区分两种类型信贷约束的影响,第(2)列加入自我信贷约束和银行信贷约束,并对第(1)列进行重新估计。结果表明,自我信贷约束的系数显著为正,而银行信贷约束的系数虽然为正数但并不显著。这似乎是合理的,因为有贷款需求而选择不向银行申请贷款的家庭受到的信贷约束程度可能更强。第(2)列的估计系数值表明,如果企业受自我信贷约束,家庭使用个人信用授信的可能性将增加 14.9 个百分点。既然确认了"资金池"的假设,以及给定自我信贷约束与银行信贷约束对家庭个人信用授信使用决策的影响存在显著差异,因此在本章后续的分析中,我们把重点放在个人信用授信的使用与两类信贷约束的关系上。

表 5.2　信贷约束对非正规小微企业个人信用授信使用的影响

	(1) 个人信用授信使用	(2) 个人信用授信使用
一般信贷约束	0.125***	
	(3.20)	
自我信贷约束		0.149***
		(3.68)
银行信贷约束		0.052
		(0.59)
企业年龄	−0.002	−0.002
	(−1.61)	(−1.64)
资产负债率	0.045***	0.045***
	(2.69)	(2.73)
员工数	0.004	0.004
	(1.51)	(1.50)
年营业额对数值	0.022***	0.022***
	(2.91)	(2.88)
企业主年龄	−0.002**	−0.002**
	(−2.02)	(−2.02)

续表

	(1) 个人信用授信使用	(2) 个人信用授信使用
男性	−0.007	−0.007
	(−0.35)	(−0.34)
初中学历	0.011	0.010
	(0.31)	(0.26)
高中学历	0.100***	0.098***
	(2.63)	(2.59)
大专及以上学历	0.126***	0.124***
	(2.93)	(2.88)
已婚	0.058*	0.058*
	(1.80)	(1.82)
城镇户口	0.064***	0.063***
	(2.88)	(2.85)
居民统一户口	0.035	0.032
	(0.73)	(0.67)
风险厌恶	−0.057***	−0.056***
	(−2.78)	(−2.76)
是否参加过金融相关课程	0.079**	0.078**
	(2.37)	(2.34)
信息关注度低	0.073**	0.076***
	(2.48)	(2.60)
信息关注度一般	0.058*	0.060**
	(1.94)	(2.00)
信息关注度高	0.087**	0.088***
	(2.55)	(2.58)
健康状况差	0.030	0.027
	(0.69)	(0.62)
家庭规模	−0.014	−0.014
	(−1.55)	(−1.61)
有 16 岁以下孩子	0.056**	0.056**
	(2.39)	(2.42)
有达到退休年龄老人	−0.008	−0.008
	(−0.34)	(−0.33)
家庭净财富对数值	0.033***	0.034***
	(3.65)	(3.69)

	(1) 个人信用授信使用	(2) 个人信用授信使用
现金持有对数值	0.018*	0.017*
	(1.92)	(1.90)
当地社会网络	0.010	0.009
	(0.52)	(0.44)
社区个人信用授信使用密度	0.327***	0.327***
	(4.85)	(4.84)
行业虚拟变量	控制	控制
省份虚拟变量	控制	控制
观测值	3 268	3 268
伪 R^2	0.238	0.239

　　注:括号里报告的是异方差—稳健标准误下的 t 统计量,*** 表示 $p<0.01$,** 表示 $p<0.05$,* 表示 $p<0.1$。

5.4.3　内生性的处理

　　我们倾向于认为小微企业信贷约束与使用个人信用授信融资的反向因果问题不是一个大问题。即便使用个人信用授信的小微企业更不可能使用银行贷款,这也是说明在个人信用授信使用存在的情况下,银行贷款对小微企业变得不那么重要,这与小微企业使用自助融资方式的结论是一致的。然而,由于银行贷款不是随机分布的,而是企业自身选择的结果,因此,对信贷约束影响小微企业个人信用授信使用的直接估计会存在潜在的估计偏误。遵循过往文献的做法(Johnson et al.,1999;Ayyagari et al.,2010),我们使用银行对贷款抵押品的要求作为外生识别变量,运用选择模型控制这种自选择效应,结果如表 5.3 所示。表 5.3 中报告了个人信用授信使用作为被解释变量的估计结果,第(2)列自选择方程的估计表明,受信贷约束的小微企业更可能缺乏抵押品。第(1)列显示,通过控制自选择效应,一般信贷约束的系数仍显著为正,系数大小与表 5.2 的基准回归可比。

表 5.3 信贷约束对非正规小微企业个人信用授信持有的影响(选择模型)

	(1) 个人信用授信使用	(2) 一般信贷约束(选择模型)
一般信贷约束	0.118***	
	(2.98)	
抵押品		0.077***
		(3.52)
逆米尔斯比	−0.102	
	(−1.21)	
企业年龄	−0.002	−0.001
	(−1.15)	(−1.24)
资产负债率	0.019	0.032***
	(0.71)	(3.70)
员工数	0.005*	−0.001
	(1.70)	(−0.31)
年营业额对数值	0.011	0.009**
	(1.13)	(2.00)
企业主年龄	−0.002*	−0.000
	(−1.91)	(−0.62)
男性	−0.023	0.014
	(−1.05)	(1.13)
初中学历	0.029	−0.022
	(0.76)	(−1.30)
高中学历	0.118***	−0.033
	(2.79)	(−1.60)
大专及以上学历	0.139***	−0.031
	(2.98)	(−1.35)
已婚	0.091**	−0.037**
	(2.30)	(−2.03)
城镇户口	0.078***	−0.014
	(3.30)	(−1.09)
居民统一户口	0.029	0.005
	(0.60)	(0.17)

续表

	(1) 个人信用授信使用	(2) 一般信贷约束（选择模型）
风险厌恶	−0.037	−0.033**
	(−1.24)	(−2.46)
是否参加过金融相关课程	0.111***	−0.034
	(2.81)	(−1.48)
信息关注度低	0.038	0.032**
	(1.09)	(2.00)
信息关注度一般	0.028	0.031*
	(0.83)	(1.86)
信息关注度高	0.068*	0.013
	(1.95)	(0.66)
健康状况差	−0.003	0.057***
	(−0.05)	(2.94)
家庭规模	−0.008	−0.006
	(−0.87)	(−1.07)
有 16 岁以下孩子	0.024	0.038***
	(0.72)	(2.83)
有达退休年龄老人	−0.013	−0.001
	(−0.55)	(−0.09)
家庭净财富对数值	0.031***	0.001
	(3.39)	(0.21)
现金持有对数值	0.027**	−0.010
	(2.35)	(−1.56)
当地社会网络	0.020	−0.011
	(0.92)	(−0.95)
社区个人信用授信使用密度	0.342***	0.005
	(5.04)	(0.11)
行业虚拟变量	控制	控制
省份虚拟变量	控制	控制
观测值	3 209	3 209
伪 R^2	0.241	0.149

注：括号里报告的是异方差—稳健标准误下的 t 统计量，*** 表示 $p<0.01$，** 表示 $p<0.05$，* 表示 $p<0.1$。

如果受信贷约束的小微企业和没有信贷约束的小微企业在(事前)受信贷约束的可能性上存在显著差异,也可能导致估计存在偏误,而进行反事实分析是解决这一问题较为普遍的方法,如采用倾向得分匹配方法。借鉴 Rosenbaum 和 Rubin(1983)的做法,我们将处理组(有信贷约束的小微企业)与对照组(没有信贷约束的小微企业)进行倾向得分匹配。首先,我们估计一个 Probit 模型,该模型的被解释变量是一般信贷约束哑变量,解释变量(或叫匹配变量)包括基准模型中所有的控制变量。估计得到的一般信贷约束的拟合值即为小微企业受信贷约束的概率,作为倾向得分值。其次,我们将处理组与对照组基于倾向得分进行一对一最近邻匹配;表 5.4 的面板 A 展示了匹配过程的准确程度,结果表明处理组和对照组之间的倾向得分估计值分布非常接近。最后,基于匹配样本,我们对基准模型进行了估计。如表 5.4 的面板 B 所示,信贷约束的系数仍然显著为正,即在考虑了受信贷约束的可能性存在差异的情况下,受信贷约束仍促进了非正规小微企业的个人信用授信使用。

表 5.4   信贷约束对非正规小微企业个人信用授信持有的影响(倾向得分匹配估计)

面板 A:倾向得分估计值的分布								
	观测值	均值	标准差	最小值	25 分位	中位数	75 分位	最大值
处理组	217	0.12	0.08	0.01	0.06	0.09	0.15	0.39
对照组	217	0.07	0.07	0.01	0.01	0.04	0.10	0.35
差　异	217	0.04	0.01	0.00	0.04	0.05	0.05	0.05

面板 B:基于匹配样本的估计结果	
	(1)
	Probit
被解释变量	个人信用授信使用
一般信贷约束	0.205 ***
	(4.27)

面板 B：基于匹配样本的估计结果	
控制变量	控制
省份虚拟变量	控制
观测值	431
伪 R^2	0.313

注：(1) 面板 A 报告的"差异"是匹配样本中实验组与其最近邻匹配对象倾向得分值之差绝对值的分布。

（2）面板 B 括号里报告的是异方差—稳健标准误下的 t 统计量，*** 表示 $p<0.01$，** 表示 $p<0.05$，* 表示 $p<0.1$。

（3）一对一最近邻匹配共得到 434 个匹配样本（217 对），面板 B 回归样本的减少是 Probit 估计时被解释变量被完美预测导致的。

5.4.4　异质性分析

为了识别潜在的机制，我们接下来将进一步探索信贷约束对个人信用授信使用的正向影响是否在一些横截面特征上表现出异质性。

首先关注的是户口类型。本章的假说 5.2 预测，在企业主拥有农村户口的小微企业样本中，信贷约束对个人信用授信使用的正向影响不那么明显。因此，我们在表 5.5 中按照两种户口类型对基准回归重新进行了分样本估计。与预期相一致，在自我信贷约束方面，城镇户口家庭的敏感性要比农村户口家庭高得多（分别为 0.190 和 0.100），这表明拥有农村户口的家庭确实受到了银行的信贷歧视。从个人信用授信的供给方来看，由于常住地在城镇地区的农村户口家庭具有较高的流动性和不稳定性，因此常常被排斥在个人信用授信发放机构的潜在客户群之外。

其次是金融素养。如果公众对金融产品不了解或不熟悉，他们就不会

表5.5 信贷约束对非正规小微企业个人信用授信持有的影响(企业主户口类型维度)

	(1) 农村户口	(2) 城镇户口
自我信贷约束	0.100*	0.190***
	(1.91)	(3.45)
银行信贷约束	0.110	0.003
	(1.15)	(0.03)
控制变量	控制	控制
行业虚拟变量	控制	控制
省份虚拟变量	控制	控制
观测值	1 703	1 411
伪 R^2	0.269	0.261

注:括号里报告的是异方差—稳健标准误下的 t 统计量,*** 表示 $p<0.01$,** 表示 $p<0.05$,* 表示 $p<0.1$。

有需求,而金融素养会显著影响人们对金融服务的利用(Beck et al.,2007;Cole et al.,2011)。作为一种重要的金融工具,我们预期个人信用授信使用决策受金融知识水平的影响。基于受访者是否修过金融或经济类课程和其平时对金融或经济类信息的关注程度两个维度,我们把家庭分为两组[1],如果受访者没参加过金融经济类课程,同时其对金融或经济类信息的关注程度在中位数之下,则将其界定为"低金融素养组",否则为"高金融素养组"。表5.6 的结果表明,高金融素养组的自我信贷约束的估计系数高于低金融素养组(分别为 0.184 和 0.142)。因此,我们认为,有限的金融素养在一定程度上阻碍了家庭使用"内部资金池"来为小微企业融资。本章的假说 5.3 得到验证。

---

① CHFS 询问受访者:

您平时对经济、金融方面的信息关注程度如何?

1. 非常关注　　　2. 很关注　　　3. 一般　　　4. 很少关注　　　5. 从不关注

表 5.6　信贷约束对非正规小微企业个人信用授信持有的影响(企业主金融素养维度)

	(1) 高金融素养组	(2) 低金融素养组
自我信贷约束	0.184***	0.142***
	(2.89)	(2.99)
银行信贷约束	0.054	0.035
	(0.36)	(0.39)
控制变量	控制	控制
行业虚拟变量	控制	控制
省份虚拟变量	控制	控制
观测值	1 381	1 877
伪 R^2	0.242	0.251

注:括号里报告的是异方差—稳健标准误下的 t 统计量,*** 表示 $p<0.01$, ** 表示 $p<0.05$, * 表示 $p<0.1$。

　　接着讨论企业主的风险态度。如表 5.2 所示,风险厌恶的系数显著为负,表明风险厌恶的企业主使用个人信用授信融资的可能性较小。这是合理的,因为为避免支付昂贵的利息成本,个人信用授信债务一般需要在两个月内偿还,如果还款不及时,可能会对信用授信持有人的信用评分产生负面影响,由于担心忘记还款,企业主就不太可能使用个人信用授信,尤其是对一个厌恶风险的企业主来说。我们进一步研究,在考察小微企业主个人信用授信使用对企业信贷约束的敏感性时,风险态度的异质性是否仍然存在。表 5.7 根据受访者的风险态度重新估计了基准回归。结果表明,在厌恶风险的企业主样本中,自我信贷约束的系数更高(分别为 0.190 和 0.101)。这在一定程度上与我们的观点相一致,即个人信用授信持有和使用决策是在谨慎的情况下做出的,而在这样做时家庭平均而言只承担了可量度的风险。

表 5.7 信贷约束对非正规小微企业个人信用授信使用的影响(风险态度维度)

风险态度	(1) 风险偏好	(2) 风险厌恶
自我信贷约束	0.101	0.190***
	(1.45)	(4.21)
银行信贷约束	0.099	0.030
	(0.54)	(0.41)
控制变量	控制	控制
行业虚拟变量	控制	控制
省份虚拟变量	控制	控制
观测值	1 259	1 836
伪 R^2	0.198	0.273

注:括号里报告的是异方差—稳健标准误下的 t 统计量,*** 表示 $p<0.01$,** 表示 $p<0.05$,* 表示 $p<0.1$。

企业经营时间的增加会带来两个相反的效应,即风险效应和信用改善效应。为了检验哪种效应起主导作用,我们将样本分为两组,一组是企业年龄在中位数以上的,另一组是企业年龄在中位数以下的,然后重新进行基准回归。结果如表 5.8 所示,与本章的假说 5.4 相一致,自我信贷约束的估计系数在较年轻的小微企业组中比在较年长的组中显著更小(分别为 0.076 和 0.209)。同样有趣的是,自我信贷约束的估计系数在较年长的小微企业组中显著为正。这两个发现都与这样一种观点相一致,即随着经营时间的推移,家庭对自己的小微企业有了更多的了解,因此更愿意使用个人信用授信来为企业融资。因此,这进一步证实了"谨慎的故事"。结合企业风险效应,对此我们认为可能的解释是,经营时间较短的小微企业失败的风险很高,当它们有信贷约束时,由于企业主是普遍风险厌恶的,在这种高风险的情况下,家庭使用个人信用授信作为自助融资策略的积极性是下降的,但是随着企业年龄的增长,企业进入一个稳定或预期相对安全的状态,从而家庭使用"内部资金池"的动机更高。

表 5.8　信贷约束对非正规小微企业个人信用授信使用的影响(企业年龄维度)

企业年龄	(1) 低年龄组	(2) 高年龄组
自我信贷约束	0.076*	0.209***
	(1.66)	(3.70)
银行信贷约束	−0.032	0.152*
	(−0.33)	(1.68)
控制变量	控制	控制
行业虚拟变量	控制	控制
省份虚拟变量	控制	控制
观测值	1 460	1 795
伪 R^2	0.277	0.272

注:括号里报告的是异方差—稳健标准误下的 t 统计量,*** 表示 $p<0.01$,** 表示 $p<0.05$,* 表示 $p<0.1$。

5.4.5　稳健性检验

　　为了考察前文估计结果的可靠性,本小节从以下两个方面对 CHFS 2015 的实证结果进行稳健性检验。首先,家庭受访者可能不是户主本人。人们可能会担心,是户主而不是受访者更能代表小微企业的决策者。其次,家庭可能同时从事多个工商业项目,人们可能还会担心调查数据存在测量误差。为了解决这两个问题,我们对初始回归样本施加了两个额外的限制。其一,我们只选择被调查者和户主是同一个人的家庭样本;其二,我们要求每个家庭有且仅有一个工商业项目。有了这两个额外的限制,样本量大幅下降到 1 963。然后,我们重新估计了表 5.2 的回归,正如表 5.9 所显示的,本章的主要结果基本上保持不变。

表 5.9　信贷约束对非正规小微企业个人信用授信使用的影响(稳健性检验)

被解释变量	(1) 个人信用授信使用	(4) 个人信用授信使用
一般信贷约束	0.153***	
	(3.44)	
自我信贷约束		0.170***
		(3.46)
银行信贷约束		0.091
		(1.02)
控制变量	控制	控制
行业虚拟变量	控制	控制
省份虚拟变量	控制	控制
观测值	1 963	1 963
伪 R^2	0.259	0.259

注:括号里报告的是异方差—稳健标准误下的 t 统计量,*** 表示 $p<0.01$, ** 表示 $p<0.05$, * 表示 $p<0.1$。

5.5　实证结果分析:信贷约束与正规小微企业自助融资

5.5.1　描述性统计

表 5.10 是 CMES 2015 回归样本的统计描述。如表 5.10 所示,有 16% 的正规小微企业主使用个人信用授信为企业融资,且平均负债为 4.99 万元。约 23% 的正规小微企业受到一般信贷约束,其中 17% 的企业受到自我信贷约束,6% 的企业受到银行信贷约束。正规小微企业比非正规小微企业规模更大,它们平均雇用了约 21 个员工。正规小微企业平均年营业额约 527 万元,但中位数仅为 100 万元,说明年营业额分布极不均匀。正规小微企业的平均年龄是 8.5 年。

表 5.10　描述性统计(CMES 2015 样本)

	均值	标准差	最小值	中位数	最大值
被解释变量					
个人信用授信使用	0.16	0.37	0.00	0.00	1.00
个人信用授信负债	4.99	28.01	0.00	0.00	350.00
关键变量					
一般信贷约束	0.23	0.42	0.00	0.00	1.00
自我信贷约束	0.17	0.38	0.00	0.00	1.00
银行信贷约束	0.06	0.23	0.00	0.00	1.00
控制变量					
企业特征:					
企业年龄	8.50	6.94	1.00	7.00	32.00
资产负债率	0.23	0.47	0.00	0.05	3.23
员工数	20.88	34.77	1.00	9.00	260.00
年营业额(万元)	527.43	1 343.06	1.50	100.00	10 000.00
独资企业	0.39	0.49	0.00	0.00	1.00
合伙企业	0.11	0.32	0.00	0.00	1.00
有限责任公司	0.44	0.50	0.00	0.00	1.00
股份有限公司	0.04	0.20	0.00	0.00	1.00
农民合作社	0.01	0.11	0.00	0.00	1.00
企业主特征:					
企业主年龄	43.19	10.23	24.00	43.00	68.00
男性	0.82	0.38	0.00	1.00	1.00
小学及以下学历	0.05	0.23	0.00	0.00	1.00
初中学历	0.24	0.43	0.00	0.00	1.00
高中学历	0.33	0.47	0.00	0.00	1.00
大专及以上学历	0.38	0.49	0.00	0.00	1.00
风险偏好	0.67	0.47	0.00	1.00	1.00
风险厌恶	0.33	0.47	0.00	0.00	1.00
是否参加过金融相关课程	0.35	0.48	0.00	0.00	1.00
信息关注度非常高	0.19	0.39	0.00	0.00	1.00
信息关注度高	0.33	0.47	0.00	0.00	1.00
信息关注度一般	0.26	0.44	0.00	0.00	1.00
信息关注度低	0.18	0.38	0.00	0.00	1.00
信息关注度很低	0.05	0.22	0.00	0.00	1.00
观测值	1 222				

注:为了缓解异常值的影响,我们对连续变量在上下 1% 进行缩尾处理。

与非正规小微企业相比,正规小微企业的规模较大,但更有可能受到信贷约束,这似乎有违直觉。然而,企业主应该根据他们对企业增长潜力的预期和企业寻求外部融资的频率,有选择地决定采取正规企业或非正规企业的形式。更有可能的情况是,在增长潜力很小、几乎不依赖外部融资的情况下,企业被非正规地建立起来。我们注意到,与正规小微企业相比,非正规小微企业将企业主个人信用授信用于企业经营的频率较低。我们认为有一个可能的原因是,平均而言,非正规小微企业的投资机会较少,因此对外部融资需求也较少。

5.5.2　基本回归

为检验企业主使用个人信用授信为企业经营活动融资的可能性,本小节首先将个人信用授信使用作为被解释变量来估计式(5.2)。表 5.11 给出了 Probit 的估计结果,报告的估计系数是平均边际效应。我们在第(1)列中使用了一般信贷约束作为解释变量,结果表明,一般信贷约束的估计系数在 1% 的水平上显著为正。系数值表明,当正规小微企业受一般信贷约束时,企业主使用个人信用授信为企业融资的可能性增加 9.1 个百分点,与平均 16% 的个人信用授信使用概率相比,这种效应在经济上也是显著的。第(2)列区分自我信贷约束和银行信贷约束对第(1)列进行重新估计。与非正规小微企业的结果不同,正规小微企业信贷约束对企业主个人信用授信使用的正向影响同时来源于自我信贷约束和银行信贷约束,特别是银行信贷约束的估计系数甚至比自我信贷约束的估计系数还要大。正如我们已经讨论过的,这可能是因为银行信贷约束反映了企业本地银行联系的紧密程度。在这个样本中,这种效应可能会被放大,因为无法确定企业的位置。因此,银行信贷约束可能捕捉到了一些未观察到的城乡差异。

表 5.11　信贷约束对正规小微企业个人信用授信使用的影响

	(1) 个人信用授信使用	(2) 个人信用授信使用
一般信贷约束	0.091***	
	(3.71)	
自我信贷约束		0.067**
		(2.45)
银行信贷约束		0.156***
		(3.52)
企业年龄	0.003*	0.003*
	(1.83)	(1.71)
资产负债率	0.078***	0.078***
	(3.47)	(3.48)
员工数	0.000	0.000
	(0.11)	(0.16)
年营业额对数值	0.004	0.003
	(0.55)	(0.47)
合伙企业	−0.117**	−0.119***
	(−2.54)	(−2.58)
有限责任公司	−0.019	−0.018
	(−0.77)	(−0.71)
股份有限公司	0.051	0.053
	(1.01)	(1.07)
农民合作社	−0.119	−0.124
	(−1.31)	(−1.36)
企业主年龄	−0.003**	−0.003**
	(−2.38)	(−2.37)
男性	−0.013	−0.012
	(−0.43)	(−0.40)
初中学历	0.064	0.068
	(1.04)	(1.09)
高中学历	0.065	0.071
	(1.07)	(1.17)
大专及以上学历	0.037	0.043
	(0.60)	(0.70)

续表

	(1) 个人信用授信使用	(2) 个人信用授信使用
风险厌恶	−0.013	−0.013
	(−0.55)	(−0.56)
是否参加过金融相关课程	0.032	0.032
	(1.29)	(1.31)
信息关注度低	0.008	0.017
	(0.15)	(0.30)
信息关注度一般	0.035	0.040
	(0.66)	(0.75)
信息关注度高	0.029	0.034
	(0.55)	(0.65)
信息关注度非常高	0.035	0.035
	(0.63)	(0.64)
行业虚拟变量	控制	控制
省份虚拟变量	控制	控制
观测值	1 222	1 222
伪 R^2	0.111	0.115

注:括号里报告的是异方差—稳健标准误下的 t 统计量,*** 表示 $p<0.01$,** 表示 $p<0.05$,* 表示 $p<0.1$。

我们进一步研究了信贷约束对正规小微企业企业主个人信用授信使用在集约边际上的影响。具体而言,如式(5.3),我们把个人信用授信负债作为被解释变量,对信贷约束进行回归。Tobit 估计结果如表 5.12 所示。第(1)列使用了一般信贷约束作为解释变量,第(2)列同时加入了自我信贷约束和银行信贷约束。结果表明,不管是否区分信贷约束类型,信贷约束的估计系数均在 1% 的统计水平上显著为正。第(1)列表明,与没有信贷约束的正规小微企业相比,有信贷约束的正规小微企业企业主个人信用授信债务平均增加约 7.3 万元。第(2)列表明,与没有信贷约束的正规小微企业相比,受自

我信贷约束的正规小微企业其企业主个人信用授信债务平均增加约 6.1 万
元,受银行信贷约束的正规小微企业其企业主个人信用授信债务平均增加
约 10.7 万元。因此我们得出结论,这种效应不仅在扩展边际上是显著的,而
且在集约边际上是显著的。

表 5.12　信贷约束对正规小微企业个人信用授信负债的影响

	(1) 个人信用授信负债	(2) 个人信用授信负债
一般信贷约束	7.332***	
	(3.29)	
自我信贷约束		6.086***
		(2.72)
银行信贷约束		10.715***
		(2.63)
控制变量	控制	控制
行业虚拟变量	控制	控制
省份虚拟变量	控制	控制
观测值	1 222	1 222
伪 R^2	0.039	0.040

注:括号里报告的是异方差—稳健标准误下的 t 统计量,*** 表示 $p < 0.01$,** 表示 $p < 0.05$,* 表示 $p < 0.1$。

5.5.3　内生性的处理

与表 5.4 类似,我们在表 5.13 中报告了控制企业信贷约束的自选择效
应后的结果。第(2)列和第(4)列的选择模型表明,受信贷约束的小微企业
更可能缺乏抵押品。第(1)列和第(3)列显示,在考虑了信贷约束的自选择
效应后,信贷约束的估计系数仍显著为正,系数大小与表 5.11 和表 5.12 的
估计系数可比。

表 5.13　信贷约束对正规小微企业个人信用授信使用及负债的影响(选择模型)

	(1) 个人信用 授信使用	(2) 选择模型 一般信 贷约束	(3) 个人信用 授信负债	(4) 选择模型 一般信 贷约束
一般信贷约束	0.086***		7.170***	
	(3.64)		(3.25)	
抵押品		0.179***		0.179***
		(5.53)		(5.53)
逆米尔斯比	−0.196***		−10.298***	
	(−3.76)		(−2.63)	
企业年龄	0.006***	−0.005**	0.356**	−0.005**
	(3.19)	(−2.10)	(2.49)	(−2.10)
资产负债率	0.107***	−0.076***	5.985***	−0.076***
	(4.68)	(−2.66)	(3.75)	(−2.66)
员工数	−0.000	−0.001	−0.006	−0.001
	(−0.07)	(−1.34)	(−0.23)	(−1.34)
年营业额对数值	0.006	−0.010	0.861	−0.010
	(0.81)	(−1.10)	(1.56)	(−1.10)
合伙企业	−0.144***	0.085**	−6.268**	0.085**
	(−2.94)	(2.01)	(−2.03)	(2.01)
有限责任公司	−0.039	0.072**	−1.341	0.072**
	(−1.47)	(2.30)	(−0.82)	(2.30)
股份有限公司	−0.015	0.117*	0.374	0.117*
	(−0.29)	(1.82)	(0.11)	(1.82)
农民合作社	−0.025	−0.041	8.385	−0.041
	(−0.27)	(−0.32)	(0.85)	(−0.32)
企业主年龄	−0.002	−0.002	−0.070	−0.002
	(−1.34)	(−1.13)	(−0.76)	(−1.13)
男性	0.008	0.002	1.015	0.002
	(0.25)	(0.05)	(0.53)	(0.05)
初中学历	0.055	0.037	3.785	0.037
	(0.77)	(0.51)	(0.79)	(0.51)
高中学历	0.020	0.093	0.434	0.093
	(0.29)	(1.32)	(0.09)	(1.32)
大专及以上学历	0.020	0.067	−0.431	0.067
	(0.28)	(0.94)	(−0.09)	(0.94)

续表

	(1) 个人信用 授信使用	(2) 选择模型 一般信 贷约束	(3) 个人信用 授信负债	(4) 选择模型 一般信 贷约束
风险厌恶	0.003	−0.017	0.045	−0.017
	(0.11)	(−0.57)	(0.03)	(−0.57)
是否参加过金融相关课程	0.036	0.011	1.777	0.011
	(1.46)	(0.37)	(1.09)	(0.37)
信息关注度低	−0.033	0.069	−0.749	0.069
	(−0.60)	(1.00)	(−0.22)	(1.00)
信息关注度一般	−0.072	0.136**	−3.359	0.136**
	(−1.28)	(2.04)	(−0.93)	(2.04)
信息关注度高	−0.037	0.093	−0.530	0.093
	(−0.68)	(1.37)	(−0.15)	(1.37)
信息关注度非常高	−0.042	0.093	0.509	0.093
	(−0.76)	(1.31)	(0.14)	(1.31)
行业虚拟变量	控制	控制	控制	控制
省份虚拟变量	控制	控制	控制	控制
观测值	1 149	1 167	1 167	1 167
伪 R^2	0.132	0.126	0.048	0.126

注:括号里报告的是异方差—稳健标准误下的 t 统计量,*** 表示 $p<0.01$,** 表示 $p<0.05$,* 表示 $p<0.1$。

类似地,我们对 CMES 2015 回归样本也进行了倾向得分匹配估计。首先,我们使用一个 Probit 模型进行估计,其被解释变量是一般信贷约束哑变量,解释变量(或叫匹配变量)包括基准模型中所有控制变量。估计得到的一般信贷约束的拟合值即为正规小微企业受信贷约束的概率,作为倾向得分值。其次,我们将处理组(有信贷约束的小微企业)与对照组(没有信贷约束的小微企业)基于倾向得分进行一对一最近邻匹配。表 5.14 的面板 A 展示了匹配过程的准确程度,表明处理组和对照组之间的倾向得分估计值分布非常接近。最后,基于匹配样本,我们对基准模型进行估计。如表 5.14 的面板 B 所示,信贷约束的系数仍然显著为正,即在考虑了不同的小微企业受信贷约束的可能性存在差异性的情况下,受信贷约束仍显著增加了企业主使用个人信用授信为正规小微企业融资的可能性及融资金额。

表 5.14　信贷约束对正规小微企业个人信用授信使用及负债的影响(倾向得分匹配估计)

面板 A:倾向得分估计值的分布

	观测值	均值	标准差	最小值	25 分位	中位数	75 分位	最大值
处理组	250	0.28	0.13	0.06	0.19	0.26	0.36	0.60
对照组	250	0.25	0.14	0.06	0.14	0.22	0.35	0.60
差　异	250	0.05	0.01	0.00	0.05	0.05	0.05	0.05

面板 B:基于匹配样本的估计结果

被解释变量	(1) Probit 个人信用授信使用	(2) Tobit 个人信用授信负债
一般信贷约束	0.146***	8.236***
	(4.18)	(2.97)
控制变量	控制	控制
省份虚拟变量	控制	控制
观测值	433	500
伪 R^2	0.134	0.070

注:(1) 表5.14 面板 A 报告的"差异"是匹配样本中处理组与其最近邻匹配对象倾向得分值之差绝对值的分布。

(2) 表5.14 面板 B 括号里报告的是异方差—稳健标准误下的 t 统计量,*** 表示 $p<0.01$,** 表示 $p<0.05$,* 表示 $p<0.1$。

(3) 一对一最近邻匹配共得到 500 个匹配样本(250 对),表5.14 面板 B 回归样本的减少是 Probit 估计时被解释变量被完美预测导致的。

5.5.4　异质性分析

为了检验本章的假说 5.4,我们把正规小微企业按照企业年龄中位数分为两组,然后对基准回归进行重新估计。如表 5.15 所示,在正规小微企业的两组样本中,信贷约束对个人信用授信使用决策与负债额都具有显著的正向影响,说明随着正规小微企业经营时间的延长,信息不对称并没有得到显著缓解。与非正规小微企业的模式相同,这表明只要企业规模仍然很小,信贷约束问题就不会随着时间的推移得到很好的解决,这可能是由中国大银行主导金融市场的背景决定的。

表 5.15　信贷约束对正规小微企业个人信用授信使用及负债的影响(分样本)

	(1)	(2)	(3)	(4)
	个人信用授信使用		个人信用授信负债	
	低年龄组	高年龄组	低年龄组	高年龄组
自我信贷约束	0.131***	0.041	8.257***	4.342**
	(3.06)	(0.86)	(2.82)	(2.58)
银行信贷约束	0.126	0.155**	9.581	7.861***
	(1.57)	(2.23)	(1.54)	(2.98)
控制变量	控制	控制	控制	控制
行业虚拟变量	控制	控制	控制	控制
省份虚拟变量	控制	控制	控制	控制
观测值	480	597	583	639
伪 R^2	0.172	0.166	0.084	0.067

注:括号里报告的是异方差—稳健标准误下的 t 统计量,*** 表示 $p<0.01$,** 表示 $p<0.05$,* 表示 $p<0.1$。

5.6　小结

本章综合运用 CHFS 2015 和 CMES 2015 两项全国性微观调查数据,深入探究了小微企业银行信贷约束和自我信贷约束对企业主借助家庭"内部资金池"为企业融资的影响。尤其值得注意的是,企业主金融知识的丰富和企业经营时间的延长,会进一步加强信贷约束对个人信用授信使用的促进作用,尽管这种作用在企业主持有农村户口的情况下相对较弱。

　　基于本章的发现,我们认为,小微企业的家庭"内部资金池"已经成为中国小微企业重要的资金来源,显著地放松了小微企业的流动性约束,并可能借此促进中国的经济增长。本章论证了在没有银行贷款的情况下,金融自助方式可以帮助小微企业融资。这种提高效率的资金再分配方式模糊了正规金融和非正规金融的界限,这种模糊有助于我们更好地理解关于正规金融(例如银行贷款)和非正规金融(例如商业信用)如何促进中国私营部门快速增长的争论,这一争论目前还没有定论。Allen 等(2005)把中国经济的高速发展归因于替代性融资渠道的贡献而不是正规金融,然而,Ayyagari 等(2010)发现,尽管使用银行贷款的企业比例相对较小,但是是银行贷款而不是非正规融资带来了更快的企业增长。到目前为止,公众仍认识不足的一个观点是:如果交易成本不高,而且这些资金能够有效地进行重新分配,那么来自正规渠道的资金,即使一开始没有得到有效分配,对私营部门也仍然是有帮助的。

　　尽管使用个人信用授信为企业融资导致金融系统对信贷的可追踪性降低,但我们倾向于认为,与潜在的好处相比,与此相关的金融危害是很小的。本研究强调,这种自助融资方式的使用是谨慎的,因此风险是可控的。辅之以适当的监管,中国经济的系统性金融风险反而可能降低,因为小企业主有动机不滥用他们的信用,还可以利用自己的私人信息来解决企业信息不透明问题。尽管存在一些潜在的风险,但我们可以通过制定更加精准的政策来控制这些风险,从而实现个人信用授信的谨慎使用。通过引导小企业主谨慎运用信用,我们不仅可以避免金融风险,还可以促使更多的资源流向那些真正需要支持的地方,优化资源配置效率。

从银行的角度来看,只要债务能够得到偿还,就不会看到银行有强烈的动机阻止小微企业主使用个人信用授信为他们的企业融资。在实践中,一些银行(主要是中小型银行)扩大了信用卡客户基础,将小微企业主包括在内,并允许他们将个人信用授信用于企业贷款。这些银行甚至将其视为服务小企业的重要金融创新。在某种程度上,这反映了这类个人信用授信的风险相对较低。

尽管我们认为个人信用授信的使用可以起到与小微企业信用贷款类似的作用,但我们很清楚企业使用企业信用贷款的好处。虽然二者同样灵活,但企业信用贷款仍是更优选择,因为它为小企业提供了合法获得正式融资的途径,允许小微企业积累企业信用而不是企业主发展个人信用,并可以防止随之而来的风险直接影响家庭。就这方面而言,在金融市场有待进一步完善的中国,大额企业家信用卡可以作为企业信用贷款的重要替代品。因此,本章结论呼应了发展信贷体系以支持中国小微企业这一重要主张(钱水土、吴卫华,2020)。

在共同富裕的背景下,银行等金融机构通过为小微企业提供合法的融资途径,使得后者能够在经济中发挥更大的作用,从而有助于实现更为平等的社会资源分配。在这方面,我们可以探讨更多的金融创新,以满足小微企业的融资需求,进一步推动包容性经济增长。

附表

附表 5.1　变量说明(CHFS 2015)

变　　量	定　　义
被解释变量	
个人信用授信使用	哑变量,如果家庭使用信用卡为 1,否则为 0
关键变量	
一般信贷约束	哑变量,如果家庭因工商业项目向银行申请贷款被拒或需要银行贷款但未申请为 1,否则为 0
自我信贷约束	哑变量,如果家庭因工商业项目有银行信贷需求但未提交申请为 1,否则为 0
银行信贷约束	哑变量,如果家庭因工商业项目向银行申请贷款但被拒为 1,否则为 0
控制变量	
企业特征:	
企业年龄	等于问卷调查年份(2015 年)减去工商业项目创建年份
资产负债率	等于企业总负债除以总资产
员工数	企业员工数,既包括从外部雇用的员工也包括家庭内部成员
年营业额	工商业年总营业收入,单位为万元
企业主特征:	
企业主年龄	等于问卷调查年份(2015 年)减去企业主出生年份
男性	哑变量,如果企业主是男性为 1,否则为 0
受教育程度	哑变量,企业主的受教育程度分为四组,其中小学文化程度及以下为参照组,另外三组分别是初中、高中(包括职业高中)、大专及以上
已婚	哑变量,如果企业主已婚为 1,否则为 0
户口类型	哑变量,企业主的户口类型分为三组,其中农村户口为参照组,另外两组分别是城镇户口和居民统计户口
风险厌恶	哑变量,被问"如果你有充足的钱,以下投资项目选择你更想投资哪一个?"时如果企业主回答"略低风险,略低回报"和"不愿意承担任何风险"则为 1,否则为 0

续表

变　　量	定　　义
是否参加过金融相关课程	哑变量,如果企业主曾经参加过金融类相关课程为 1,否则为 0
信息关注度高	哑变量,如果企业主对金融或经济类信息的关注程度是"非常关注"和"很关注"为 1,否则为 0
信息关注度一般	哑变量,如果企业主对金融或经济类信息的关注程度是"一般"为 1,否则为 0
信息关注度低	哑变量,如果企业主对金融或经济类信息的关注程度是"很少关注"为 1,否则为 0
信息关注度很低	哑变量,如果企业主对金融或经济类信息的关注程度是"从不关注"为 1,否则为 0;该组为参照组
健康状况差	哑变量,自评健康状况,如果与同龄人相比,企业主的健康状况为"差"或"非常差"为 1,否则为 0
家庭特征:	
家庭规模	家庭总人口数
有 16 岁以下孩子	哑变量,如果家庭至少有一个 16 周岁以下孩子为 1,否则为 0
有达退休年龄的老人	哑变量,如果家庭至少有一位达到退休年龄的老人(男性 60 岁,女性 55 岁)为 1,否则为 0
家庭净财富	家庭净财富,等于家庭总资产减去总负债,不包括工商业相关的资产和负债,单位为万元
现金持有	家庭总现金持有(包括现金、活期存款和固定存款、股票账户中未用于购买股票的现金余额),单位为万元
当地社会网络	哑变量,如果企业主在所居住城市有 6 个以上有血缘关系的亲戚为 1,否则为 0
社区个人信用授信使用密度	信用卡使用密度,等于家庭所在社区其他家庭信用卡使用的平均比例

附表 5.2　变量说明(CMES 2015)

变　　量	定　　义
被解释变量	
个人信用授信使用	哑变量,如果企业主目前使用了个人信用卡为企业融资为 1,否则为 0
个人信用授信负债	企业主目前有用于为企业融资的信用卡负债,单元为万元

续表

变　　量	定　　义
关键变量	
一般信贷约束	哑变量,如果企业向银行申请贷款被拒或需要银行贷款但未申请为 1,否则为 0
自我信贷约束	哑变量,如果企业有银行信贷需求但未提交申请为 1,否则为 0
银行信贷约束	哑变量,如果企业向银行申请贷款但被拒为 1,否则为 0
控制变量	
企业特征:	
企业年龄	等于问卷调查年份(2015 年)减去企业实际开始经营年份
资产负债率	等于企业总负债除以总资产
员工数	企业总雇用员工数,包括正式员工和非正式员工
年营业额	企业年总营业收入,单位为万元
企业组织形式	哑变量,企业的组织形式分为五组,其中独资企业为参照组,另外四组分别是合伙企业、有限责任公司、股份有限公司和农民合作社
企业主特征:	
企业主年龄	等于问卷调查年份(2015 年)减去企业主出生年份
男性	哑变量,如果企业主是男性为 1,否则为 0
受教育程度	哑变量,企业主的受教育程度分为四组,其中小学文化程度及以下为参照组,另外三组分别是初中、高中(包括职业高中)、大专及以上
风险厌恶	哑变量,被问"如果你有充足的钱,以下投资项目选择你更想投资哪一个?"时如果企业主回答"略低风险,略低回报"和"不愿意承担任何风险"则为 1,否则为 0
是否参加过金融相关课程	哑变量,如果企业主曾经参加过金融类相关课程为 1,否则为 0
信息关注度非常高	哑变量,如果企业主对金融或经济类信息的关注程度是"非常关注"为 1,否则为 0
信息关注度高	哑变量,如果企业主对金融或经济类信息的关注程度是"很关注"为 1,否则为 0
信息关注度一般	哑变量,如果企业主对金融或经济类信息的关注程度是"一般"为 1,否则为 0
信息关注度低	哑变量,如果企业主对金融或经济类信息的关注程度是"很少关注"为 1,否则为 0
信息关注度很低	哑变量,如果企业主对金融或经济类信息的关注程度是"从不关注"为 1,否则为 0;该组为参照组

第6章 自助融资方式对小微企业动态
变化的影响研究

6.1 引言

在关于金融促进经济增长的研究中,中国常常被看作一个特例。作为世界上经济增长最快的新兴经济体之一,中国金融体系有待进一步发展和完善。在由大银行占据绝对主导的金融体系背景下,中国的银行体系往往青睐于国有企业和上市公司,而轻视中小微私营企业。然而,众所周知,私营部门是过去三十多年中国经济持续高速增长的主要推动力,而金融资源在这一部门的配置与其对经济发展的贡献之间却是极不匹配的(卢峰、姚洋,2004)。

对于低水平的正规金融体系和高速度的经济发展并存的"中国之谜",国内外学者纷纷试图提供合理的解释,其中 Allen 等(2005)的研究比较具有代表性,他们把中国经济的高速发展归因于正式金融体系之外非正式融资渠道的贡献,如商业信用。卢峰、姚洋(2004)则关注并论证了中国的金融资源从国有部门流向私营部门的漏损效应的存在,他们发现,这种资金流动机制有效减弱了银行信贷配给政策给私营部门带来的负面影响,支持了私营部门的发展。Cull 等(2009)也发现,业绩表现较差的国有上市企业(国有企业)在获得银行贷款时更倾向于扩大其商业信用的提供。他们的研究表明,来自正规金融的资金从融资有优势但效率低下的国有企业重新分配到融资有劣势但(也许)效率较高的私营企业。因此,较容易获得正规金融融资的大企业可以利用其在业务关系上的信息优势,为小微企业充当金融中介的角色(Demirgüç-Kunt and Maksimovic,2002)。

在本书第 5 章中,我们证实了在银行贷款不可得的情况下,自助融资方式可以帮助小企业克服信贷约束,即融资上有优势的个人(个人信用)扮演类似"金融中介"的角色,把获得的资金转移给自己的小微企业。那么,使用家庭"内部资金池"为小微企业融资的自助融资方式是否会影响小微企业的存活能力和进入选择呢?经验证据表明,企业主个人信用授信在个体创业融资方面发挥重要作用,然而,鲜有研究探究个人信用授信的可得性如何影响小微企业的形成及其后续表现,尤其是在新兴市场的背景下(美国的情况见:Chatterji and Seamans,2012;Blanchflower and Evans,2004)。基于此,本章使用 2013 年、2015 年的 CHFS 数据,考察基于个人信用授信助力企业融资的金融自助方式对小微企业存续及进入的影响,并得到以下主要结论:第一,个人信用授信的使用能够提高非正规小微企业存活的可能性;第二,个人信用授信的使用对非正规组织形式小微企业的创办没有影响,但对正规组织小微企业的创办有显著的促进作用,该发现与企业组织形式的内生化选择文献的研究结论相一致,即不同组织形式的企业在组建时的资金需求是不同的,组织化程度越高的小微企业往往对资金的需求也越高。此外,一些不可观测因素的遗漏产生的内生性会导致直接估计有偏误,例如,企业主的管理能力可能会同时影响个人信用授信使用和企业的存活能力或创业选择。因此本章选取社区信用卡推销作为个人信用授信使用的工具变量,对主要回归进行重新估计并得到稳健的结果。①

6.2　理论分析和研究假说

市场进入、退出以及生存状态演变等企业动态行为是微观层面资源要素再配置的重要表现形式,是市场经济的重要特征,也是经济增长的重要源泉与动力(Hsieh and Klenow,2009;张维迎等,2003)。

大量证据表明,外部金融资源的可得性是小微企业动态行为的重要决定因素(Evans and Leighton,1989;Black and Strahan,2002;Hurst and Lusardi,2004;Musso and Schiavo,2008;Beck et al.,2015;马光荣、杨恩艳,2011)。流动性约束是企业进入、经营与增长面临的主要障碍(Berger and Udell,1998;Beck and Demirgüç-Kunt,2006;Ayyagari et al.,2008;蔡栋梁等,2018),这种约束通常表现为面临投资机会时的资金短缺或临时性的流动性需求得不到满足(Fazzari et al.,1987;Whited,1992;Stein,2003),它显著提高了企业退出的可能性(Keasey and Watson,1991;Musso and Schiavo,2008;Mach and Wolken,2012;叶宁华、包群,2013;马光荣、李力行,2014)。内生信贷约束下的个体/家庭创业选择模型表明,自有财富水平与个体/家庭的创业倾向显著正相关(Evans and Jovanovic,1989;Holtz-Eakin et al.,1994;Paulson and Townsend,2004),家庭的非工商业

---

①　在与本章比较接近的一项研究中,Scott(2009)发现信用卡债务水平与初创企业后续生存的可能性之间存在负相关关系。

财富有助于预测家庭创业活动的可能性和成功概率(Gentry and Hubbard，2000)。Schäfer 和 Talevera(2009)构建了包含内生信贷约束的道德风险模型，从理论和实证上均证实了企业家私有资产的增加通过缓解小企业的信贷约束，对小企业的生存概率产生正向影响。Mach 和 Wolken(2012)构建了企业破产预测模型，并重点关注信贷约束的作用，结果发现，相比不受信贷约束的企业，受信贷约束的企业倒闭的可能性要大得多。他们进一步发现，尽管模型中控制了企业特征、企业主特征和市场特征等一系列潜在的影响因素，信贷约束和信贷可得性低仍是导致美国小企业在 2004—2008 年倒闭的最重要因素。

受信贷约束的小微企业更可能使用企业主个人信用融资(Blanchflower and Evans，2004)，小微企业主普遍使用基于企业主个人信用的信贷授信为企业运营提供资金(Vos et al.，2007；Neeley and Van Auken，2009；Brown et al.，2019)。Scott(2009)基于考夫曼企业调查数据发现，大量的小微企业主在项目初创时选择使用个人信用卡进行融资，并在项目后续的经营过程中持续使用信用卡。遗憾的是，已有关于小微企业使用个人信用授信填补信贷缺口的研究集中于西方发达经济体，未见有针对新兴经济体的经验证据。

现有关于中国个人信用授信的研究主要关注于授信额度的营销环节及消费用途(Worthington，2003，2005；Worthington et al.，2007；Sharpe et al.，2012；Porto et al.，2019；廖理等，2013；李江一、李涵，2017)，而未考虑企业主借助家庭"内部资金池"为小微企业融资这种自助融资方式的存在。这些研究都很自然地假设个人信用授信仅对消费决策产生影响，这是与相关法规一致的假设。然而，正是由于这种先入为主的假设，研究者很容易忽略中国小微企业主使用个人信贷来弥补企业信贷不足的问题。小微企业得到正规金融融资是较为困难的,我们预期,在个人信用授信额度可得的情况下,当或有流动性事件发生时,企业主通过家庭"内部资金池"提供应急性的小额资金来"曲线融资",小微企业更有可能避免经营不善甚至破产,即个人信用授信额度的可得性有助于提高小微企业存活的可能性。基于以上分析,我们提出本章的基准假说:

假说 6.1:个人信用授信的使用提高了小微企业存活的可能性。

创业经营是一种承担风险和不确定性的行为(Knight,1921),创业失败往往意味着血本无归,因此创业的高风险和不确定性也是创业者进行决策时考虑的关键因素。徐丽鹤等(2019)基于 CHFS 数据发现,中国城镇家庭更多地将个人信用授信作为应对未来短期突发性风险的金融工具,从而在当期将更多资产配置在风险资产上,以实现更进一步的资本积累。个人信用授信可以被用作应对风险的工具,从而提高家庭对创业风险的容忍能力。其逻辑在于,对于家庭而言,其消费、储蓄和投资决策是交互作用的,家庭基于所有可得资源进行资源配置。在传统银行贷款难以获得和非正规借贷渠道不确定的情况下,个人信用授信的信贷功能在实现平滑家庭消费功能的同时,还可以充当"信贷保险",这种额外的"保险"现金流可以降低家庭在创业项目经营不善等不利冲击发生时陷入"贫困"的可能性,从而提高家庭在创业时对风险的承受能力,促进创业选择,即如果本章的假说 6.1 得到验证,那么可以进一步推出,个人信用授信的使用对企业存活的正向影响有助于小微企业主对企业未来存续形成良好的预期,进而提高潜在创业者的创业倾向。同时,由于不同组织形式的企业在组建时的资金需求是不同的,组织化程度越高的小微企业往往对资金的需求也越高,因此我们预期个人信用授信对小微企业进入的正向影响在正规组织形式的企业中更为明显。据此,我们提出本章的第二个假说:

假说 6.2：个人信用授信的使用促进小微企业的进入，且该促进效应在正规组织形式的小微企业中更为明显。

6.3 研究设计

6.3.1 数据来源和变量说明

正如本章引言中所说，本章使用的数据仍旧来源于 CHFS，但数据时间为 2013 年和 2015 年，因此以下简称为 CHFS 2013 和 CHFS 2015。该数据库包括个体、家庭和社区（村）三个数据模块。收集信息主要包括家庭结构及人口特征、资产与负债、收入与消费、保险与保障及就业创业等各方面的详细信息。接下来则重点说明变量情况。

（1）被解释变量。

尽管传统衡量企业绩效、企业发展的财务指标（如常见的盈利指标：资产回报率、投资回报率、销售回报率等）具有客观、简单并容易理解的优势，但将这些财务指标粗暴应用于小微企业群体存在较大弊端。首先，从小微企业中收集财务信息往往是困难的且成本较高，即使费时费力获得了部分信息，也往往是不完善的或不可靠的（Brush and Vanderwerf，1992；Wang and Ang，2004）。其次，因为小微企业的资产规模往往较小，增长速度不稳定，存在滞后性的财务指标数据难以准确反映小微企业的当前状况。最后，大多数小微企业更注重日常经营，没有时间和资源实施全面的财务管理体系，记录保存不完整，且往往没有专门的财务人员，因此，更容易受到测量偏差的影响。本章使用的小微企业存活指标则可以有效避免传统财务指标的缺陷。

　　本章中两个主要的被解释变量是"小微企业存活"和"小微企业创办"，二者均反映了小微企业的动态变化，即是否退出市场和是否进入市场。表6.1 的小微企业动态矩阵较清晰地展示了 2013 年和 2015 年 CHFS 中中国城镇家庭从事工商业生产经营项目的情况。[①]小微企业存活变量是以小微企业已存在为前提的。因此，在定义企业存活变量时，我们把样本限定在 2015 年成功追访并且在 2013 年从事工商业生产经营的城镇家庭。根据其工商业项目是否在 2015 年调查时仍持续经营，我们构建了小微企业存活变量。具体而言，如果家庭在 2013 年有工商业项目并且在 2015 年调查时仍持续经营，则小微企业存活变量为 1；如果家庭在 2013 年有工商业项目并且在 2015 年不再经营，则小微企业存活变量为 0。

表 6.1　小微企业动态矩阵

		2015 年有无小微企业		
		没有	有	总计
2013 年有无小微企业	没有	10 751	1 002	11 753
	有	485	1 546	2 031
	总计	11 236	2 548	13 784

　　为了考察家庭创业的决策过程，在定义小微企业创办变量时，我们把样本限定在 2015 年成功追访并且在 2013 年没有从事工商业生产经营的城镇家庭。具体而言，如果家庭在 2013 年没有工商业项目并且在 2013—2015 年开办了工商业项目，则小微企业创办变量为 1；如果家庭在 2013 年没有工商业项目并且在 2015 年仍没有工商业项目，则小微企业创办变量为 0。得益于数据的丰富性，在小微企业创办变量的基础上，我们根据小微企业的组织

---

　　①　家庭是否从事工商业的信息在问卷中对应的问题是：2013 年 CHFS 中表述为"[B2001]去年，您家是否从事工商业生产经营项目？"；2015 年 CHFS 中表述为"[B2000b]目前，您家是否从事工商业生产经营项目，包括个体户、租赁、运输、网店、经营企业等？"。

形式,进一步细分了正规小微企业创办和非正规小微企业创办两个变量。具体而言,如果小微企业创办变量等于 1 并且工商业项目属于正规组织形式,包括股份有限公司、有限责任公司、合伙企业或独资企业四种,则正规小微企业创办变量为 1,否则为 0。相对应地,如果小微企业创办变量等于 1 并且工商业项目属于非正规组织形式或个体工商户,则非正规小微企业创办变量等于 1,否则为 0。

(2)关键变量。

本章的核心解释变量——个人信用授信使用是以 CHFS 2013 问卷中的问题"[E2002]您家有信用卡吗? 未激活的信用卡不包括在内"为基础的,并结合对问题"[E2001]您和您家人在购物时,一般会使用下列哪些支付方式?"回答"贷记卡(信用卡)"的补充信息进行构建。

(3)控制变量。

参考已有文献的做法,我们在个人信用授信使用对小微企业存活影响的回归模型中分别加入企业层面、企业主层面和家庭层面的特征变量。企业特征包括企业年龄、员工数、是否有银行贷款、资产负债率、年营业额;企业主个人特征包括年龄、性别、婚姻状况、受教育程度、风险态度、金融知识、健康状况和户口类型;家庭特征包括家庭规模、家庭劳动力人数、第一个孩子是否为男孩。考虑到行业异质性和地区差异,我们还控制了行业固定效应和省份固定效应。

而在个人信用授信使用对小微企业创办影响的回归模型中,我们分别加入企业主层面和家庭层面的特征变量。企业主个人特征包括年龄、性别、婚姻状况、受教育程度、风险态度、金融知识、健康状况和户口类型;家庭特征包括家庭规模、家庭劳动力人数、第一个孩子是否为男孩、信贷约束、家庭是否有非正规借贷、家庭年通信总支出和人均资产。类似地,考虑到行业异质性和地区差异,我们还控制了行业固定效应和省份固定效应。

附表 6.1 对这些变量进行了详细说明,在此不做赘述。需要说明的是,本章的核心解释变量与所有控制变量都是基于 CHFS 2013 构建的,使用滞后的数据构建个人信用授信使用变量可以在一定程度上避免内生性问题。

6.3.2　模型设定

在个人信用授信使用对小微企业存活影响的回归模型中,被解释变量是哑变量,因此我们使用 Probit 模型估计小微企业存活的可能性是否与家庭个人信用授信使用显著相关。[①]具体模型设定如式(6.1)所示:

$$\mathrm{Prob}(Survival_i=1)=\Phi(\alpha_0+\alpha_1 Credit_i+\alpha_2 Busi\_char_i+\alpha_3 Resp\_char_i$$
$$+\alpha_4 Hous\_char_i+Industry_c+Province_v) \quad (6.1)$$

其中,$Survival_i$ 表示小微企业是否持续经营到 2015 年;$Credit_i$ 是表示家庭在 2013 年是否使用个人信用授信的二值变量;$Busi\_char_i$ 是企业特征变量,包括员工数、企业年龄、资产负债率、是否有银行贷款和年营业额;$Resp\_char_i$ 是企业主特征,包括年龄、性别、受教育程度、婚姻状况、风险态度、金融知识、健康状况和户口类型;$Hous\_char_i$ 是家庭层面特征变量,包括家庭规模、家庭劳动力人数、第一个孩子是否为男孩;$Industry_c$ 和 $Province_v$ 分别是行业固定效应和省份固定效应;Φ 是正态分布下的累积密度函数。

在个人信用授信的使用对小微企业创办影响的回归模型中,被解释变量也是二值哑变量,因此我们使用 Probit 模型估计小微企业创办的可能性

---

①　由于本章的解释变量个人信用授信的使用是二值变量,IV-Probit 模型只适用于解释变量连续的情况,因此,我们在基准回归中同时报告了 OLS 及 Probit 模型的结果,同时工具变量采用 2SLS 估计。

是否与家庭个人信用授信的使用显著相关。具体模型设定如式(6.2)所示：

$$\text{Prob}(Entry_i=1)=\Phi(\beta_0+\beta_1 Credit_i+\beta_2 Resp\_char_i+\beta_3 Hous\_char_i$$
$$+Province_v) \tag{6.2}$$

其中，$Entry_i$ 表示家庭在 2013—2015 年调查期间是否开办小微企业项目；$Credit_i$ 是表示家庭在 2013 年是否使用个人信用授信的二值变量；$Resp\_char_i$ 是企业主特征，包括年龄、性别、受教育程度、婚姻状况、风险态度、金融知识、健康状况和户口类型；$Hous\_char_i$ 是家庭层面特征变量，包括家庭规模、家庭劳动力人数、第一个孩子是否为男孩、信贷约束、家庭是否有非正规借贷、家庭年通信总支出和人均资产；$Province_v$ 是省份固定效应；Φ 是正态分布下的累积密度函数。

根据小微企业创办时的组织形式，我们进一步研究家庭个人信用授信的使用对正规小微企业和非正规小微企业进入是否有影响。具体模型如式(6.3)和式(6.4)所示：

$$\text{Prob}(Formal\ Entry_i=1)=\Phi(\pi_0+\pi_1 Credit_i+\pi_2 Resp\_char_i$$
$$+\pi_3 Hous\_char_i+Province_v) \tag{6.3}$$
$$\text{Prob}(Informal\ Entry_i=1)=\Phi(\theta_0+\theta_1 Credit_i+\theta_2 Resp\_char_i$$
$$+\theta_3 Hous\_char_i+Province_v) \tag{6.4}$$

其中，$Formal\ Entry_i$ 表示家庭在 2013—2015 年调查期间是否开办正规小微企业项目；$Informal\ Entry_i$ 表示家庭在 2013—2015 年调查期间是否开办非正规小微企业项目；其他变量定义与式(6.3)相同。

进一步把样本限定在 2013—2015 年调查期间创办小微企业的家庭(即 $Entry_i=1$)，从而更直接地比较个人信用授信的使用对正规小微企业创办和非正规小微企业创办作用的差异。具体模型如式(6.5)所示，变量定义与式(6.3)相同：

$$\mathrm{Prob}(Formal\ Entry_i = 1 | Entry_i = 1) = \Phi(\lambda_0 + \lambda_1 Credit_i + \lambda_2 Resp\_char_i$$
$$+ \lambda_3 Hous\_char_i + Province_v) \qquad (6.5)$$

6.4　实证结果分析：自助融资方式与非正规小微企业存续

6.4.1　样本筛选和描述性统计

从小微企业存活变量的构建可知，我们在 CHFS 2013 数据的基础上，将分析样本限定在 2015 年调查成功追访的城镇家庭。表 6.2 详细介绍了个人信用授信的使用对小微企业存活影响实证研究的样本筛选过程。基于步骤 1 至步骤 3 得到 2015 年成功追访并且在 2013 年调查时有工商业项目的城镇家庭。由于 CHFS 调查问卷仅询问了个体工商户和无正规组织形式的企业这两类企业的创办年份、行业等关键信息，因此，步骤 4 仅保留了这两类组织形式的家庭企业。为了保证家庭对小微企业项目拥有绝对的控制权，步骤 5 剔除了家庭在小微企业项目中拥有所有权份额低于 50% 的样本。最后，剔除存在变量缺失的样本后，我们共得到 1 505 个有效样本。

表 6.3 给出了个人信用授信的使用对小微企业存活影响研究的回归样本的描述性统计。其中显示，在 2015 年 CHFS 调查成功追访的小微企业中，仍持续经营的占 79%。平均有 22% 的小微企业家庭在 2013 年 CHFS 调查时持有并使用个人信用授信，说明在城镇地区有企业的家庭中个人信用授信已相对普及，但仍有较大的提高空间。此外，我们发现，使用个人信用授信的小微企业的存活率比没有个人信用授信的小微企业要高得多，这与使用个人信用授信能够提高小微企业存活可能性的想法是一致的。

表 6.2　样本筛选过程(小微企业存活)

步　骤	观测值
筛选前	28 142
步骤 1:仅保留 2013 年和 2015 年均接受调查的家庭	−6 367
步骤 2:剔除位于农村地区的样本	−7 989
步骤 3:剔除未从事家庭工商业的样本	−11 753
步骤 4:仅保留组织形式为个体工商户和无正规组织形式的企业	−224
步骤 5:剔除家庭在工商业项目的所有权比例低于 50% 或所有权份额缺失的样本	−100
步骤 6:剔除回归变量有缺失的样本	−204
筛选后	1 505

表 6.3　描述性统计(小微企业存活)

	均值	标准差	最小值	中位数	最大值
被解释变量					
小微企业存活	0.79	0.41	0.00	1.00	1.00
关键变量					
个人信用授信使用	0.22	0.41	0.00	0.00	1.00
控制变量					
企业特征:					
银行贷款	0.09	0.29	0.00	0.00	1.00
企业年龄	9.57	7.23	1.00	8.00	31.00
资产负债率	0.23	0.90	0.00	0.00	7.00
员工数	2.23	3.62	1.00	1.00	26.00
年营业额(万元)	20.17	48.89	0.20	6.00	350.00
企业主特征:					
企业主年龄	43.19	11.30	19.00	43.00	73.00
男性	0.54	0.50	0.00	1.00	1.00
小学及以下学历	0.17	0.37	0.00	0.00	1.00
初中学历	0.42	0.49	0.00	0.00	1.00
高中学历	0.28	0.45	0.00	0.00	1.00
大专及以上学历	0.13	0.34	0.00	0.00	1.00
已婚	0.89	0.31	0.00	1.00	1.00

续表

	均值	标准差	最小值	中位数	最大值
农村户口	0.53	0.50	0.00	1.00	1.00
城镇户口	0.47	0.50	0.00	0.00	1.00
风险偏好	0.44	0.50	0.00	0.00	1.00
风险厌恶	0.56	0.50	0.00	1.00	1.00
是否参加过金融相关课程	0.08	0.28	0.00	0.00	1.00
信息关注度高	0.13	0.33	0.00	0.00	1.00
信息关注度一般	0.31	0.46	0.00	0.00	1.00
信息关注度低	0.31	0.46	0.00	0.00	1.00
信息关注度差	0.25	0.43	0.00	0.00	1.00
健康状况差	0.43	0.50	0.00	0.00	1.00
家庭特征：					
家庭规模	3.86	1.38	1.00	4.00	8.00
家庭劳动力人数	2.69	1.07	0.00	3.00	6.00
第一个孩子是男孩	0.47	0.50	0.00	0.00	1.00
观测值	1 505				

注：为了缓解异常值的影响，我们对连续变量在上下 1% 进行缩尾处理。

这些抽样调查的企业都是小型企业，平均雇用 2.23 名员工（包括家庭成员），最高雇用人数为 26 人，企业平均年龄约为 9.6 年。仅 9% 的小微企业目前有工商业贷款，这一比例相对较低，可能是因为非正规小微企业通常增长潜力较低，因此不太可能有资金需求。企业主的平均年龄约为 43.19 岁，54% 为男性；已婚的比例为 89%；企业主受教育程度集中在初中文化程度，占全部样本的 42%，其次是高中文化程度，占 28%，小学及以下文化程度和大专及以上文化程度分别占 17% 和 13%；53% 的企业主拥有农村户口；厌恶风险的受访者比例占 56%；从金融相关课程的参与和对金融经济类信息关注度来看，企业主的金融知识水平偏低；43% 的受访者健康状况较差；家庭平均有 3.86 个人，47% 的家庭第一个孩子是男孩。

6.4.2 基本回归

基于式(6.1),我们把小微企业存活变量对个人信用授信使用变量进行回归,结果如表 6.4 所示,估计系数是平均边际效应。表 6.4 的前三列首先使用逐步 Probit 回归的方法,逐步加入可能影响小微企业后续存活的初始因素。第(4)列使用 OLS 对第(3)列重新估计。如表 6.4 所示,尽管个人信用授信使用的系数大小和显著性随变量的引入有所差异,但其系数均至少在 10% 的统计水平上显著为正。第(3)列表明,在控制了企业特征、企业主特征和家庭特征后,个人信用授信使用的系数仍在 1% 的统计水平上显著为正,系数值表明,与没有使用个人信用授信的企业相比,使用个人信用授信的小微企业的存活概率平均提高 8.5 个百分点。因此,这种影响在经济上也是重要的,本章的假说 6.1 得到验证。此外,第(4)列 OLS 估计的个人信用授信使用的系数大小几乎没有变化,这表明在我们的分析中,OLS 估计模型是 Probit 估计的良好近似。

在加入控制变量后,结果表明,规模越大的小微企业存活的可能性越高;受访者年龄对小微企业存活存在负向影响;持有城镇户口的小微企业更可能停止经营;企业主家庭的第一个孩子是男孩的小微企业更可能持续经营,这些变量的影响方向符合预期。家庭规模和受访者健康状况差这两个变量的系数却似乎与预期不太相符。家庭规模对小微企业存活产生负向影响,一个可能的解释是,规模越大的家庭抚养和赡养负担往往也越重,因此,家庭可投入小微企业的时间和资源较为有限。受访者健康状况差对小微企业存活产生正向影响,一个可能的解释是,健康状况较差的个人在劳动力市场的竞争中处于劣势,因此,更可能保持自我雇佣的状态。

表 6.4　个人信用授信使用对小微企业存活的影响

	（1） Probit 无控制 变量	（2） Probit 加入企业 特征	（3） Probit 加入企业 主特征和 家庭特征	（4） OLS 加入企业 主特征和 家庭特征
个人信用授信使用	0.066**	0.052*	0.085***	0.087***
	(2.51)	(1.90)	(2.99)	(3.22)
银行贷款		−0.034	−0.034	−0.036
		(−0.92)	(−0.94)	(−0.92)
企业年龄		0.001	0.002	0.002
		(0.94)	(1.28)	(1.17)
资产负债率		−0.000	−0.001	−0.001
		(−0.03)	(−0.09)	(−0.07)
员工数		0.003	0.003	0.002
		(0.71)	(0.81)	(0.81)
年营业额对数值		0.019**	0.014*	0.015*
		(2.20)	(1.69)	(1.68)
企业主年龄			−0.002*	−0.002*
			(−1.88)	(−1.76)
男性			0.020	0.024
			(0.99)	(1.10)
初中学历			0.037	0.039
			(1.22)	(1.20)
高中学历			0.029	0.031
			(0.84)	(0.85)
大专及以上学历			−0.040	−0.042
			(−0.88)	(−0.83)
已婚			0.050	0.050
			(1.44)	(1.23)
城镇户口			−0.099***	−0.101***
			(−4.53)	(−4.40)
风险厌恶			0.019	0.016
			(0.87)	(0.73)
是否参加过金融相关课程			−0.055	−0.064
			(−1.42)	(−1.42)

续表

	(1) Probit 无控制 变量	(2) Probit 加入企业 特征	(3) Probit 加入企业 主特征和 家庭特征	(4) OLS 加入企业 主特征和 家庭特征
信息关注度低			0.034	0.031
			(1.20)	(1.07)
信息关注度一般			−0.003	−0.008
			(−0.10)	(−0.28)
信息关注度高			0.021	0.020
			(0.58)	(0.52)
健康状况差			0.044**	0.045**
			(2.12)	(2.08)
家庭规模			−0.017*	−0.019*
			(−1.80)	(−1.77)
家庭劳动力人数			0.011	0.012
			(0.92)	(0.93)
第一个孩子是男孩			0.044**	0.046**
			(2.18)	(2.16)
行业虚拟变量	控制	控制	控制	控制
省份虚拟变量	控制	控制	控制	控制
观测值	1 498	1 498	1 498	1 505
调整后的 R^2				0.058
伪 R^2	0.052	0.058	0.098	

注:括号里报告的是异方差—稳健标准误下的 t 统计量,*** 表示 $p<0.01$,** 表示 $p<0.05$,* 表示 $p<0.1$。

6.4.3　内生性的处理

对小微企业存活的直接估计会遇到个人信用授信使用的内生性问题。首先,个人信用授信使用和小微企业存活的相互影响产生联立内生性问题。

其次,家庭的某些不可观测因素可能同时影响了家庭的个人信用授信使用及其小微企业存活,即因遗漏变量而产生内生性问题。为了控制内生性问题导致的估计偏误,本章采用了一系列处理方式进行稳健性检验。

一方面,本章的关键变量与控制变量均使用相对于被解释变量(小微企业存活)滞后两年的数据。从技术上说,符合家庭个人信用授信获取在前、小微企业存续与否在后的因果顺序,即分析滞后期的个人信用授信使用是否有助于小微企业后续的存活。对个人信用授信使用与小微企业存活先后顺序的限制在一定程度上减轻了可能存在的联立内生性问题,但仍存在其他不可观察的因素同时影响初始的个人信用授信使用和后续的小微企业存活,如不可观测的企业主能力。

另一方面,借鉴徐丽鹤等(2019)的做法,本章使用社区信用卡推销作为家庭个人信用授信使用的工具变量,使用 2SLS 模型估计以避免遗漏变量所产生的估计偏误。使用该工具变量的合理性在于,信用卡上门促销活动更多地源自个人信用授信供给方的决策,而与家庭的小微企业后续是否持续经营没有直接关系。表 6.5 报告了工具变量回归结果。2SLS 回归的第一阶段结果显示,所在社区有信用卡推销活动的家庭使用个人信用授信的可能性显著更高。第一阶段 F 统计量超过了临界值 10(Stock and Yogo,2005),证实了我们的工具变量是强的。并且,2SLS 回归结果显示,上述的正向关系仍然存在。此外,我们使用社区个人信用授信使用密度(排除有工商业的家庭样本)作为替代工具变量,得到稳健的工具变量结果。因此,我们证实了个人信用授信使用和小微企业存活之间存在正向的因果关系。[①]

---

① 我们也尝试了使用家庭所在社区其他家庭(不包括家庭自身)的个人信用授信使用平均比例作为家庭个人信用授信的工具变量,2SLS 结果进一步证明了个人信用授信使用对小微企业存活的正向影响。

表 6.5　个人信用授信使用对小微企业存活的影响(工具变量估计,2SLS)

	(1) 2SLS第二阶段	(2) 2SLS第一阶段
个人信用授信使用	0.400*	
	(1.77)	
第 1 阶段		
社区信用卡推销		0.106***
		(4.48)
控制变量	控制	控制
行业虚拟变量	控制	控制
省份虚拟变量	控制	控制
第一阶段 F 统计量		20.19
观测值	1 505	1 505
调整后的 R^2		0.208

注:括号里报告的是异方差—稳健标准误下的 t 统计量, *** 表示 $p<0.01$, ** 表示 $p<0.05$, * 表示 $p<0.1$。

同时,为检验结果的稳健性,我们也进行了倾向得分匹配估计,即将样本中处理组(使用个人信用授信的家庭)与对照组(没有使用个人信用授信的家庭)进行倾向得分匹配,然后在匹配样本的基础上对基准模型进行回归。首先,我们利用全样本估计一个 Probit 模型,该模型的被解释变量个人信用授信使用为哑变量,解释变量包括基准模型中所有的控制变量。估计得到的个人信用授信使用的拟合值即为家庭有个人信用授信的概率,作为倾向得分值。其次,我们将处理组家庭与对照组家庭基于倾向得分进行一对一最近邻匹配;表 6.6 的面板 A 展示了匹配过程的准确程度,表明处理组家庭和对照组家庭之间的倾向得分估计值分布非常接近。最后,基于匹配样本,我们对基准模型进行了估计。如表 6.6 的面板 B 所示,个人信用授信使用的系数仍然显著为正,即在考虑了家庭拥有个人信用授信的可能性存在差异性的情况下,个人信用授信使用仍显著增加了小微企业持续经营的可能性。

表 6.6　个人信用授信使用对小微企业存活的影响（倾向得分匹配估计）

面板 A:倾向得分估计值的分布

	观测值	均值	标准差	最小值	25 分位	中位数	75 分位	最大值
处理组	268	0.32	0.18	0.02	0.17	0.30	0.47	0.85
对照组	268	0.32	0.20	0.02	0.14	0.30	0.47	0.89
差　异	268	0.04	0.01	0.00	0.04	0.05	0.05	0.05

面板 B:基于匹配样本的估计结果

	（1） Probit 无控制 变量	（2） Probit 加入企业 特征	（3） Probit 加入企业主 和家庭特征	（4） OLS 加入企业主 和家庭特征
个人信用授信使用	0.074**	0.074**	0.072*	0.070**
	(2.07)	(2.07)	(2.13)	(2.05)
控制变量	控制	控制	控制	控制
省份虚拟变量	控制	控制	控制	控制
观测值	493	493	493	536
调整后的 R^2				0.057
伪 R^2	0.085	0.092	0.153	

注:(1) 表 6.6 面板 A 报告的"差异"是匹配样本中处理组与其最近邻匹配对象倾向得分值之差绝对值的分布。

（2）表 6.6 面板 B 括号里报告的是异方差—稳健标准误下的 t 统计量，*** 表示 $p<0.01$，** 表示 $p<0.05$，* 表示 $p<0.1$。

（3）一对一最近邻匹配共得到 536 个匹配样本(268 对)，表 6.6 面板 B 回归样本的减少是 Probit 估计时被解释变量被完美预测导致的。

6.4.4　异质性分析

为了识别潜在的机制，接下来进一步探索个人信用授信使用对小微企业存活的正向影响是否在一些横截面特征上表现出异质性。

第一，如果我们的假设是正确的，那么应该可以预期，如果企业能够获得与个人信用授信功能类似的替代金融工具（无抵押和容易获得），个人信用授信对企业生存的积极效应将变得不那么明显。数字金融服务可以被视为这样一种替代工具。在金融科技的推动下，中国的数字金融服务大大提高了小企业获得正规信贷的可能性。作为中国最大的移动支付服务提供商，蚂蚁金服已经向数以万计的小企业发放了免抵押小额贷款，这些企业此前往往没有资格获得银行发放的贷款。与个人信用授信债务相比，数字金融相对便宜。因此，根据融资次序理论，当数字金融服务可得时，企业将优先选择数字金融服务而不是个人信用授信债务。

数字金融服务的发展在不同地区差异很大。因此，我们使用省级数字普惠金融指数（digital financial inclusion，DFI）来衡量数字金融服务的可获得性。北京大学数字金融研究中心与蚂蚁金服集团合作，开发了北京大学中国数字普惠金融指数（PKU-DFIIC）。2013 年 PKU-DFIIC 的均值为 160.8，标准差为 24.3。使用 2013 年的 PKU-DFIIC，我们将样本按中位数分为两组（高数字金融发展水平地区的企业和低数字金融发展水平地区的企业），并重新估计我们的基准模型。结果与预期一致，表 6.7 表明，个人信用授信使用的系数仅在处于低数字金融发展水平地区的企业中显著为正。这意味着，只有在地区数字金融发展水平较低的情况下，个人信用授信才能显著增强小企业的生存能力；当地区数字金融发展水平较高时，这种效应尽管为正，但不显著。这一发现进一步证实了我们的观点，即在缺乏传统的无担保金融工具来应对流动性意外风险的情况下，个人信用授信在维持小企业的生存方面确实发挥了重要作用。

第二，高盈利能力是企业经营业绩良好的标志，使银行等金融机构更愿意为企业提供信贷。相比之下，对于那些盈利能力较低的小企业，信息不对称程度变得更加严重。与盈利能力高的企业主相比，盈利能力低的企业主

表 6.7　个人信用授信使用对小微企业存活的影响(数字金融发展水平维度)

	(1) 高数字金融发展水平组	(2) 低数字金融发展水平组
个人信用授信使用	0.059	0.124***
	(1.44)	(3.14)
控制变量	控制	控制
行业虚拟变量	控制	控制
省份虚拟变量	控制	控制
观测值	716	764
伪 R^2	0.100	0.151

　　注:括号里报告的是异方差—稳健标准误下的 t 统计量, *** 表示 $p<0.01$, ** 表示 $p<0.05$, * 表示 $p<0.1$。

在自身经营业务方面比银行有更大的信息优势。此外,当小企业利润较低时,或有流动性事件发生的频率往往更高。因此,我们预期个人信用授信对企业生存的影响在盈利能力较低的小企业中更为明显。为了验证这一假设,我们将样本按企业的资产回报率中位数分组,并重新估计 Probit 模型。结果如表 6.8 所示,与预期相一致,个人信用授信使用系数仅在盈利能力较低的企业中显著为正。

表 6.8　个人信用授信使用对小微企业存活的影响(企业盈利能力维度)

	(1) 高盈利能力组	(2) 低盈利能力组
个人信用授信使用	0.059	0.126***
	(1.46)	(3.21)
控制变量	控制	控制
行业虚拟变量	控制	控制
省份虚拟变量	控制	控制
观测值	752	751
伪 R^2	0.063	0.058

　　注:括号里报告的是异方差—稳健标准误下的 t 统计量, *** 表示 $p<0.01$, ** 表示 $p<0.05$, * 表示 $p<0.1$。

第三，一个可能的担忧是，企业主会受到道德风险问题的影响，滥用个人信用授信来维持不可持续的经营业务。理论上，由于相关成本没有完全内部化，有贷款的企业倾向于承担额外的风险和过度投资（即如果投资失败，企业可以选择破产来违约债务）。对此我们倾向于认为，这种情况虽然可能存在，但就程度而言在中国应该是轻微的。与美国不同，中国尚未形成个人破产法。这意味着个人信用授信债务如果发生违约，只要债务人还活着，债务就不会消灭。因此，在中国相关成本大部分是内部化的，小企业主有强烈的动机谨慎地使用个人信用授信。

对此，我们进一步提供一些实证证据。如果对个人信用授信滥用的担忧是普遍的，并驱动了我们的结果，我们应该预期，个人信用授信对企业生存可能性的影响在风险偏好的所有者中比在风险厌恶的所有者中更为明显，因为风险偏好的所有者往往承担更多的风险。由基准回归可知，风险厌恶系数本身不显著，说明企业主的风险态度与企业生存的可能性没有显著相关性。这在某种程度上表明，小企业主不倾向于为了维持企业生存而承担额外的风险。我们进一步研究在企业生存对个人信用授信使用的敏感性中，是否存在这样的异质效应。基于此，我们根据企业主的风险态度重新进行 Probit 回归。表6.9 表明，个人信用授信使用的系数仅在所有者是风险厌恶的企业中显著为正（分别为 0.168*** 和 0.002）。这证实了我们的观点，即这种生存效应是由谨慎使用个人信用授信的所有者驱动的，而不太可能受到道德风险问题的影响。

第四，第 5 章已经证实了企业主的金融知识水平正向地影响企业主将个人信用授信用于小微企业经营活动的倾向，即金融知识较为丰富的企业主更可能利用个人信用授信的优势帮助应对流动资金问题，按照这个思路，我们预期个人信用授信使用对小微企业存活的正向影响在企业主金融知识较为丰富的企业中更强。

表 6.9　个人信用授信使用对小微企业存活的影响 (风险态度维度)

	(1) 风险偏好	(2) 风险厌恶
个人信用授信使用	0.002	0.168***
	(0.04)	(3.78)
控制变量	控制	控制
行业虚拟变量	控制	控制
省份虚拟变量	控制	控制
观测值	625	821
伪 R^2	0.182	0.141

注:括号里报告的是异方差—稳健标准误下的 t 统计量,*** 表示 $p<0.01$,** 表示 $p<0.05$,* 表示 $p<0.1$。

CHFS 调查问卷中的几个问题可以用来衡量企业主的金融知识水平。企业主会被问及是否参加过金融与经济类相关的课程,以及他们对金融与经济类新闻和信息的关注程度。我们根据这两个问题构建了两套指标来衡量所有者的金融知识水平。这些变量在我们之前的估计中已经被控制了。具体而言,基于受访者是否上过金融或经济类课程,以及平时对金融或经济类信息的关注程度两个维度,我们把家庭分为两组,如果受访者没上过金融或经济类课程,同时其对金融或经济类信息关注程度低于全样本中位数,则界定为"低金融知识组",否则为"高金融知识组"。表 6.10 表明,高金融知识组的个人信用授信使用的估计系数和显著性均高于低金融知识组(分别为 0.090** 和 0.072)。因此,我们得出结论,有限的金融知识在一定程度上削弱了中国家庭使用个人信用授信促进其小微企业持续经营的正向作用。

第五,个人信用授信使用对小微企业存活的正向影响是否受企业年龄的影响呢? Berger 和 Udell(1998)提出的金融增长周期假说表明,在成立的早期阶段,相比于经营后期企业更可能依赖于所有者的个人信用。原因在

表 6.10 个人信用授信使用对小微企业存活的影响(企业主金融知识水平维度)

	(1) 高金融知识组	(2) 低金融知识组
个人信用授信使用	0.090**	0.072
	(2.41)	(1.56)
控制变量	控制	控制
行业虚拟变量	控制	控制
省份虚拟变量	控制	控制
观测值	650	787
伪 R^2	0.153	0.114

注:括号里报告的是异方差—稳健标准误下的 t 统计量,*** 表示 $p<0.01$,** 表示 $p<0.05$,* 表示 $p<0.1$。

于,企业的信誉在早期阶段还没有建立起来。除了缺乏信用记录之外,企业在早期阶段的生存风险也更大,甚至企业主不确定企业发展的可持续性。当相关经营业务风险较高时,企业主使用个人信用授信为小微企业融资的倾向较低。随着小微企业的成熟,它的生存风险降低了,企业主也更了解企业的经营状况。然而,考虑到中国的银行结构,只要小微企业规模仍小,小微企业经营多年后就仍会面临银行的信贷歧视。综上所述,我们预期,在小微企业经营持续一定时间后,个人信用授信使用的生存促进效应仍然存在。为了验证这一假说,我们根据小微企业年龄中位数将样本分为两组,并重新进行 Probit 回归。如表 6.11 所示,在 1% 的统计水平上,个人信用授信的估计系数在高年龄组的企业中显著为正,而在低年龄组中不显著并且系数很小(分别为 0.107*** 和 0.064)。结果表明,虽然成熟企业的生存可能性更大,但在信用难以积累的成熟非正规企业中,个人信用授信仍然充分发挥积极作用。

表 6.11　个人信用授信使用对小微企业存活的影响(企业年龄维度)

	(1) 高年龄组	(2) 低年龄组
个人信用授信使用	0.107***	0.064
	(2.77)	(1.52)
控制变量	控制	控制
行业虚拟变量	控制	控制
省份虚拟变量	控制	控制
观测值	779	681
伪 R^2	0.145	0.143

注:括号里报告的是异方差—稳健标准误下的 t 统计量，*** 表示 $p<0.01$，** 表示 $p<0.05$，* 表示 $p<0.1$。

6.4.5　进一步的讨论:控制样本选择性偏误

对个人信用授信使用影响小微企业存活的效应进行估计时,还可能存在样本选择性偏误问题。样本选择性偏误的根源在于"非随机性的样本选择",从而导致估计参数产生偏误(Heckman,1979)。偏误主要有两种类型:其一,研究对象的行为决策可能是其自选择的结果;其二,在抽样调查数据搜集的过程中,由于某些非随机的因素,数据采集存在样本选择性偏误。①本章我们基于追访样本分析个人信用授信使用对小微企业能否持续经营的影响,可能会遭遇样本选择性偏误。为保证研究结果的稳健性,我们运用选择模型控制这种样本选择效应,结果如表 6.12 所示。第(1)列和第(2)列分别使用 Probit 和 OLS 模型,重新估计在控制样本选择性效应后的基准回归[对应于表 6.4 第(3)、(4)列]的结果。第(3)列样本选择模型的估计结果表

---

① 除了在数据搜集过程中可能存在选择性偏误,在数据加工或处理过程中,某些非随机因素也可能导致非抽样偏误。

明,规模相对较大的小微企业后续更不可能成功追访。如第(1)列和第(2)列所示,在控制样本选择性效应后,个人信用授信使用的系数仍显著为正,系数大小与表 6.4 的基准回归可比。

表 6.12　个人信用授信使用对小微企业存活的影响(控制样本选择性偏误)

	(1) Probit 小微企业存活	(2) OLS 小微企业存活	(3) Probit(样本选择模型) 是否成功追访
个人信用授信使用	0.074**	0.077***	0.020
	(2.47)	(2.64)	(0.81)
逆米尔斯比	−0.374	−0.369	
	(−1.17)	(−1.03)	
银行贷款	−0.037	−0.037	−0.002
	(−1.01)	(−0.96)	(−0.07)
企业年龄	0.002	0.002	0.001
	(1.28)	(1.17)	(0.54)
资产负债率	0.005	0.005	−0.010
	(0.39)	(0.35)	(−0.97)
员工数	0.006	0.005	−0.005*
	(1.30)	(1.28)	(−1.90)
年营业额对数值	0.024**	0.024**	−0.017**
	(2.08)	(1.97)	(−2.20)
企业主年龄	−0.005*	−0.005	0.006***
	(−1.75)	(−1.58)	(6.11)
男性	−0.010	−0.006	0.059***
	(−0.29)	(−0.16)	(3.05)
初中学历	0.034	0.036	0.002
	(1.13)	(1.10)	(0.06)
高中学历	0.007	0.009	0.045
	(0.17)	(0.21)	(1.31)
大专及以上学历	−0.024	−0.028	−0.018
	(−0.51)	(−0.53)	(−0.41)
已婚	0.019	0.020	0.042
	(0.44)	(0.40)	(1.40)

续表

	(1) Probit 小微企业存活	(2) OLS 小微企业存活	(3) Probit(样本选择模型) 是否成功追访
城镇户口	−0.119***	−0.121***	0.032
	(−4.33)	(−4.13)	(1.50)
风险厌恶	0.011	0.009	0.012
	(0.48)	(0.37)	(0.59)
是否参加过金融相关课程	−0.085*	−0.092*	0.054
	(−1.86)	(−1.79)	(1.47)
信息关注度低	0.037	0.035	−0.003
	(1.31)	(1.20)	(−0.13)
信息关注度一般	−0.027	−0.032	0.044
	(−0.77)	(−0.84)	(1.62)
信息关注度高	0.019	0.019	−0.002
	(0.54)	(0.50)	(−0.05)
健康状况差	0.044**	0.045**	0.002
	(2.13)	(2.10)	(0.10)
家庭规模	−0.028**	−0.029*	0.023**
	(−2.07)	(−1.93)	(2.40)
家庭劳动力人数	0.012	0.013	−0.005
	(0.99)	(1.00)	(−0.39)
第一个孩子是男孩	0.036*	0.038*	0.010
	(1.73)	(1.74)	(0.53)
行业虚拟变量	控制	控制	控制
省份虚拟变量	控制	控制	控制
观测值	1 498	1 505	2 131
调整后的 R^2		0.058	
伪 R^2	0.099		0.086

　　注:(1) 括号里报告的是异方差—稳健标准误下的 t 统计量,*** 表示 $p < 0.01$,** 表示 $p < 0.05$,* 表示 $p < 0.1$。

　　(2) 第(3)列样本选择模型的小微企业观测值数量为 2 131,其中 1 505 个观测值是在 2015 CHFS 中成功追访的样本,另外 626 个观测值是未成功追访的样本。

6.5 实证结果分析:自助融资方式与小微企业初创

6.5.1 样本筛选和描述性统计

从小微企业创办变量的构建可知,我们在 CHFS 2013 数据的基础上,将分析样本限定在 2015 年 CHFS 调查成功追访的城镇家庭。表 6.13 详细介绍了个人信用授信使用对小微企业创办影响实证研究的样本筛选过程。基于步骤 1 至步骤 3 得到 2015 年成功追访并且在 2013 年 CHFS 调查时没有工商业项目的城镇家庭。最后,在步骤 4 剔除存在变量缺失的样本后,我们共得到 11 252 个有效样本。

表 6.13　样本筛选过程(小微企业创办)

步　　骤	观测值
筛选前	28 142
步骤 1:仅保留 2013 年和 2015 年均接受调查的家庭	−6 367
步骤 2:剔除位于农村地区的样本	−7 989
步骤 3:去掉从事家庭工商业的样本	−2 032
步骤 4:剔除回归变量有缺失的样本	−502
筛选后	11 252

表 6.14 是个人信用授信使用对小微企业创办影响回归全样本的描述性统计。如表 6.14 所示,2015 年 CHFS 调查成功追访,并且在 2013 年调查时没有工商业项目的城镇家庭中,在 2013—2015 年 CHFS 调查期间,平均有 9% 的家庭创办小微企业项目,其中,小微企业创建的组织形式以非正规形式为主,占全样本的 8%,而正规小微企业仅占 1%。平均有 19% 的家庭在

2013 年 CHFS 调查时持有并使用个人信用授信，说明在城镇地区有企业的家庭中个人信用授信已相对普及，但仍有较大的提高空间。

表 6.14　描述性统计（小微企业创办，全样本）

	均值	标准差	最小值	中位数	最大值
被解释变量					
小微企业创办	0.09	0.28	0.00	0.00	1.00
正规小微企业创办	0.01	0.10	0.00	0.00	1.00
非正规小微企业创办	0.08	0.27	0.00	0.00	1.00
关键变量					
个人信用授信使用	0.19	0.39	0.00	0.00	1.00
控制变量					
企业主特征：					
企业主年龄	50.59	14.79	17.00	50.00	111.00
男性	0.50	0.50	0.00	1.00	1.00
小学及以下学历	0.24	0.42	0.00	0.00	1.00
初中学历	0.32	0.47	0.00	0.00	1.00
高中学历	0.23	0.42	0.00	0.00	1.00
大专及以上学历	0.21	0.41	0.00	0.00	1.00
已婚	0.84	0.37	0.00	1.00	1.00
农村户口	0.36	0.48	0.00	0.00	1.00
城镇户口	0.64	0.48	0.00	1.00	1.00
风险偏好	0.31	0.46	0.00	0.00	1.00
风险厌恶	0.69	0.46	0.00	1.00	1.00
是否参加过金融相关课程	0.10	0.30	0.00	0.00	1.00
信息关注度高	0.11	0.32	0.00	0.00	1.00
信息关注度一般	0.27	0.45	0.00	0.00	1.00
信息关注度低	0.29	0.46	0.00	0.00	1.00
信息关注度很低	0.32	0.47	0.00	0.00	1.00
健康状况差	0.53	0.50	0.00	1.00	1.00
家庭特征：					
家庭规模	3.29	1.45	1.00	3.00	15.00
家庭劳动力人数	2.09	1.33	0.00	2.00	11.00
第一个孩子是男孩	0.37	0.48	0.00	0.00	1.00

续表

	均值	标准差	最小值	中位数	最大值
信贷约束	0.14	0.35	0.00	0.00	1.00
非正规借贷	0.32	0.47	0.00	0.00	1.00
通信支出(万元)	0.21	0.25	0.00	0.14	6.00
人均总资产(万元)	28.06	51.45	0.00	12.62	1 588.17
观测值	11 252				

注:为了缓解异常值的影响,我们对连续变量在上下 1% 进行缩尾处理。

受访者的平均年龄约为 50.59 岁,50% 为男性;已婚的比例为 84%;受访者受教育程度分布较为均匀,小学及以下文化程度占全部样本的 24%,初中文化程度比例略高,占 32%,高中文化程度和大专及以上文化程度比例相当,分别为 23% 和 21%;36% 的受访者拥有农村户口;风险厌恶的受访者占 69%;从金融相关课程的参与和对金融经济类信息关注度来看,受访者的金融知识水平不高;53% 的受访者健康状况较差。受访者家庭平均有 3.29 个人,平均有 2.09 个劳动力(16—64 周岁);37% 的家庭第一个孩子是男孩;受信贷约束的家庭占 14%;有非正规借贷的比例较高,占 32%;家庭年平均通信支出约 2 100 元,家庭人均资产约 28.06 万元,中位数仅为 12.62 万元,说明中国城镇家庭的财富分布很不均衡。

我们按照正规、非正规的企业分类,进一步报告小微企业创办样本的变量描述性统计。如表 6.15 所示,多个变量在两类企业组中存在较大差异。在创办正规小微企业的家庭中,平均有 52% 的家庭在 2013 年 CHFS 调查时持有并使用个人信用授信,而这一比例在创办非正规小微企业的家庭中仅为 20%,略高于全样本的 19%。正规小微企业组中使用个人信用授信的比例比非正规小微企业组要高得多,这与使用个人信用授信更可能促进正规小微企业创办的想法是一致的。

表 6.15　描述性统计 (小微企业创办, 分样本)

	正规小微企业创办				非正规小微企业创办			
	均值	标准差	最小值	最大值	均值	标准差	最小值	最大值
关键变量								
个人信用授信使用	0.52	0.50	0.00	1.00	0.20	0.40	0.00	1.00
控制变量								
企业主特征:								
企业主年龄	45.53	13.94	20.00	77.00	44.62	13.66	17.00	89.00
男性	0.56	0.50	0.00	1.00	0.53	0.50	0.00	1.00
小学及以下学历	0.05	0.21	0.00	1.00	0.24	0.43	0.00	1.00
初中学历	0.19	0.39	0.00	1.00	0.35	0.48	0.00	1.00
高中学历	0.26	0.44	0.00	1.00	0.22	0.42	0.00	1.00
大专及以上学历	0.50	0.50	0.00	1.00	0.18	0.39	0.00	1.00
已婚	0.84	0.37	0.00	1.00	0.86	0.35	0.00	1.00
城镇户口	0.72	0.45	0.00	1.00	0.48	0.50	0.00	1.00
风险厌恶	0.45	0.50	0.00	1.00	0.60	0.49	0.00	1.00
是否参加过金融相关课程	0.26	0.44	0.00	1.00	0.08	0.26	0.00	1.00
信息关注度高	0.26	0.44	0.00	1.00	0.11	0.31	0.00	1.00
信息关注度一般	0.36	0.48	0.00	1.00	0.29	0.45	0.00	1.00
信息关注度低	0.21	0.41	0.00	1.00	0.30	0.46	0.00	1.00
信息关注度很低	0.16	0.37	0.00	1.00	0.30	0.46	0.00	1.00
健康状况差	0.36	0.48	0.00	1.00	0.46	0.50	0.00	1.00
家庭特征:								
家庭规模	3.43	1.51	1.00	8.00	3.79	1.55	1.00	14.00
家庭劳动力人数	2.34	1.08	0.00	6.00	2.57	1.17	0.00	8.00
第一个孩子是男孩	0.36	0.48	0.00	1.00	0.50	0.50	0.00	1.00
信贷约束	0.08	0.28	0.00	1.00	0.16	0.36	0.00	1.00
非正规借贷	0.23	0.43	0.00	1.00	0.36	0.48	0.00	1.00
通信支出 (万元)	0.35	0.43	0.02	3.00	0.25	0.26	0.01	3.00
人均总资产 (万元)	82.07	185.54	0.28	1 588.17	22.64	40.23	0.01	665.41
观测值	107				863			

　　在控制变量方面, 受访者的年龄、性别和婚姻状况跟家庭选择创办正规还是非正规小微企业关系不大。受教育程度似乎是影响家庭创办正规还是

非正规小微企业的重要因素。创办正规小微企业的受访者平均受教育程度要显著高于非正规小微企业组,两组中受访者受教育程度在大专及以上的比例分别为 50% 和 18%。在正规小微企业组中,72% 的受访者持有城镇户口,而在非正规小微企业组中,受访者持有农村户口和城镇户口的比例相差较小,分别为 52% 和 48%。受访者风险态度在两组企业中也存在差异,在正规小微企业组中,55% 的受访者偏好风险,而在非正规小微企业组中这一数据仅为 40%。不管是从金融经济类课程还是从对金融经济类信息关注度来看,正规小微企业组受访者的金融知识水平均比非正规小微企业组显著更高。受访者健康状况差的比例在正规小微企业组比在非正规小微企业组低 10 个百分点。家庭规模和劳动力人数在正规和非正规小微企业组间没有显著差异。创办正规小微企业的家庭更不可能因为购房、购车受到正规信贷约束,其有非正规借贷的比例也显著比创办非正规小微企业的家庭低,但其年通信支出和家庭人均资产要显著更高。

6.5.2 基本回归和工具变量回归

1. 个人信用授信使用与小微企业创办

基于式(6.2),我们把小微企业创办变量对个人信用授信使用变量进行回归,结果报告在表 6.16。表 6.16 的第(1)列和第(2)列分别使用了 Probit 和 OLS 估计方法,并且 Probit 模型报告的估计系数是平均边际效应。结果表明,尽管个人信用授信使用的系数为正数,但是在统计上和经济上均不显著。第(3)列和第(4)列使用 2SLS 估计得到的结果表明,社区信用卡推销没有弱工具变量的问题,并且在使用工具变量解决可能的内生性后,仍没有证据表明个人信用授信使用会对家庭创办小微企业产生影响。第(1)列和第

（2）列估计的个人信用授信使用的系数大小几乎没有变化，这表明在我们的分析中，OLS 估计模型是 Probit 估计的良好近似。

表 6.16　个人信用授信使用对小微企业创办的影响

	（1） Probit	（2） OLS	（3） 2SLS 第二阶段	（4） 2SLS 第一阶段
个人信用授信使用	0.006	0.004	0.105	
	(0.86)	(0.43)	(0.92)	
社区信用卡推销				0.059***
				(7.55)
企业主年龄	−0.002***	−0.002***	−0.001**	−0.005***
	(−7.16)	(−6.21)	(−2.02)	(−14.80)
男性	0.008	0.009	0.010*	−0.011*
	(1.53)	(1.60)	(1.77)	(−1.68)
初中学历	−0.009	−0.006	−0.003	−0.033***
	(−1.21)	(−0.70)	(−0.31)	(−4.94)
高中学历	−0.021**	−0.017*	−0.020**	0.021**
	(−2.31)	(−1.92)	(−2.08)	(2.26)
大专及以上学历	−0.037***	−0.035***	−0.053**	0.167***
	(−3.40)	(−3.32)	(−2.29)	(12.82)
已婚	−0.002	−0.008	−0.010	0.019**
	(−0.22)	(−1.08)	(−1.25)	(1.96)
城镇户口	−0.036***	−0.044***	−0.050***	0.050***
	(−5.62)	(−5.97)	(−4.79)	(6.31)
风险厌恶	−0.014**	−0.017**	−0.011	−0.057***
	(−2.41)	(−2.53)	(−1.20)	(−6.64)
是否参加过金融相关课程	−0.013	−0.012	−0.022	0.091***
	(−1.42)	(−1.36)	(−1.60)	(6.06)
信息关注度低	0.000	0.000	0.000	0.001
	(0.02)	(0.05)	(0.02)	(0.13)
信息关注度一般	0.010	0.008	0.004	0.043***
	(1.33)	(1.15)	(0.45)	(4.87)
信息关注度高	0.011	0.009	0.003	0.059***
	(1.18)	(0.96)	(0.26)	(4.85)

续表

	(1) Probit	(2) OLS	(3) 2SLS 第二阶段	(4) 2SLS 第一阶段
健康状况差	-0.012^{**}	-0.014^{**}	-0.012^{**}	-0.019^{***}
	(-2.28)	(-2.53)	(-2.05)	(-2.75)
家庭规模	0.009^{***}	0.011^{***}	0.011^{***}	-0.001
	(3.29)	(3.40)	(3.46)	(-0.31)
家庭劳动力人数	0.004	0.000	-0.000	0.005
	(1.41)	(0.12)	(-0.00)	(1.29)
第一个孩子是男孩	0.017^{***}	0.016^{**}	0.015^{**}	0.008
	(3.07)	(2.53)	(2.38)	(1.03)
信贷约束	-0.003	-0.003	0.000	-0.029^{***}
	(-0.32)	(-0.32)	(0.05)	(-3.29)
非正规借贷	-0.009	-0.012^{*}	-0.009	-0.023^{***}
	(-1.47)	(-1.82)	(-1.30)	(-3.08)
通信支出对数值	0.012^{***}	0.012^{***}	0.007	0.055^{***}
	(3.50)	(3.53)	(0.90)	(13.96)
人均总资产对数值	0.006^{***}	0.006^{***}	0.004	0.018^{***}
	(2.84)	(3.36)	(1.48)	(8.22)
省份虚拟变量	控制	控制	控制	控制
第一阶段 F 统计量			56.96	56.96
观测值	11 252	11 252	11 252	11 252
调整后的 R^2		0.038	0.011	0.281
伪 R^2	0.074			

注:括号里报告的是异方差—稳健标准误下的 t 统计量,*** 表示 $p<0.01$,** 表示 $p<0.05$,* 表示 $p<0.1$。

控制变量的估计系数与预期较为相符。企业主年龄、受教育程度、持有城镇户口、风险厌恶及健康状况差对家庭创办小微企业的倾向均呈负向影响;家庭规模和第一个孩子是男孩对家庭创办小微企业具有显著的正向影响。

2. 个人信用授信使用与正规、非正规小微企业创办

基于式(6.3)至式(6.5)，我们按照小微企业创办类型重新估计个人信用授信使用对小微企业创办的影响，结果报告在表 6.17。第(1)(2)列的被解释变量分别是正规小微企业创办和非正规小微企业创办。与第(1)(2)列的全样本估计不同，第(3)列的样本限定为小微企业创办变量值等于 1 的家庭，即给定家庭创办小微企业，估计个人信用授信使用是否跟小微企业创办的类型有关系。结果表明，首先，家庭使用个人信用授信对正规小微企业创办有显著的促进效应，而对非正规小微企业创办没有影响。估计系数值表明，跟没有使用个人信用授信的家庭相比，使用个人信用授信的家庭创办正规小微企业的概率增加 1.1 个百分点，这在统计上和经济上均是有显著意义的。其次，给定创办了小微企业，相比没有使用个人信用授信的家庭，使用个人信用授信的家庭创办正规小微企业的概率显著提高 9.6 个百分点。第(4)至(6)列是与前三列相对应的 2SLS 估计结果。2SLS 回归结果与 OLS 估计结果相一致。因此，我们证实了个人信用授信使用和正规小微企业创办之间存在正向的因果关系。

表 6.18 报告了 2SLS 回归的第一阶段结果。需要说明的是，不管被解释变量是一般小微企业创办、正规小微企业创办还是非正规小微企业创办，在解释变量、控制变量和回归样本完全一致的情况下，2SLS 第一阶段的估计结果都是相同的，因此，表 6.18 的第(1)列对应表 6.17 的第(4)列和第(5)列，第(2)列是对应表 6.17 的第(6)列。如表 6.18 所示，所在社区有信用卡推销活动的家庭使用个人信用授信的可能性显著更高。第一阶段 F 统计量超过了临界值 10(Stock and Yogo，2005)，表明我们的工具变量不存在弱工具变量问题。

表 6.17　个人信用授信使用对正规、非正规小微企业创办的影响

	(1) 全样本 正规 OLS	(2) 全样本 非正规 OLS	(3) 小微企业创办 正规 OLS	(4) 全样本 正规 2SLS 第二阶段	(5) 全样本 非正规 2SLS 第二阶段	(6) 小微企业创办 正规 2SLS 第二阶段
个人信用授信使用	0.011***	−0.008	0.096***	0.069*	0.036	0.476**
	(3.04)	(−1.02)	(3.16)	(1.80)	(0.33)	(1.99)
企业主年龄	0.000	−0.002***	0.003***	0.000**	−0.002***	0.005***
	(1.11)	(−6.94)	(3.62)	(2.00)	(−2.78)	(3.70)
男性	0.000	0.009*	−0.004	0.001	0.009*	−0.002
	(0.07)	(1.66)	(−0.21)	(0.47)	(1.70)	(−0.10)
初中学历	0.003*	−0.009	0.058**	0.005**	−0.008	0.067***
	(1.73)	(−1.15)	(2.58)	(2.28)	(−0.93)	(2.64)
高中学历	0.005*	−0.022**	0.097***	0.003	−0.023**	0.090***
	(1.92)	(−2.53)	(3.45)	(1.17)	(−2.51)	(2.91)
大专及以上学历	0.009**	−0.044***	0.166***	−0.001	−0.051**	0.106*
	(2.32)	(−4.35)	(4.10)	(−0.17)	(−2.36)	(1.85)
已婚	−0.001	−0.007	0.018	−0.002	−0.007	−0.007
	(−0.50)	(−0.95)	(0.62)	(−0.82)	(−1.02)	(−0.19)
城镇户口	−0.004	−0.040***	0.001	−0.007**	−0.043***	−0.024
	(−1.57)	(−5.69)	(0.03)	(−2.07)	(−4.29)	(−0.85)

续表

	(1) 全样本 正规 OLS	(2) 全样本 非正规 OLS	(3) 小微企业创办 正规 OLS	(4) 全样本 正规 2SLS 第二阶段	(5) 全样本 非正规 2SLS 第二阶段	(6) 小微企业创办 正规 2SLS 第二阶段
风险厌恶	−0.004 (−1.49)	−0.013** (−2.11)	−0.007 (−0.30)	−0.000 (−0.12)	−0.011 (−1.22)	0.028 (0.96)
是否参加过金融相关课程	0.005 (0.96)	−0.017** (−2.15)	0.099* (1.95)	−0.001 (−0.12)	−0.021* (−1.70)	0.043 (0.65)
信息关注度低	−0.002 (−1.00)	0.002 (0.35)	−0.022 (−0.98)	−0.002 (−1.04)	0.002 (0.34)	−0.029 (−1.12)
信息关注度一般	0.001 (0.32)	0.008 (1.09)	−0.003 (−0.12)	−0.002 (−0.59)	0.006 (0.69)	−0.002 (−0.08)
信息关注度高	0.006* (1.65)	0.003 (0.33)	0.039 (1.07)	0.003 (0.62)	0.000 (0.03)	0.030 (0.74)
健康状况差	−0.002 (−0.80)	−0.012** (−2.37)	0.006 (0.30)	−0.000 (−0.22)	−0.011** (−2.09)	−0.005 (−0.21)
家庭规模	0.001 (1.02)	0.010*** (3.21)	−0.002 (−0.29)	0.001 (1.12)	0.010*** (3.24)	−0.001 (−0.06)
家庭劳动力人数	0.001 (0.66)	−0.000 (−0.09)	0.000 (0.03)	0.000 (0.43)	−0.000 (−0.15)	0.009 (0.71)

续表

	(1) 全样本 正规 OLS	(2) 全样本 非正规 OLS	(3) 小微企业创办 正规 OLS	(4) 全样本 正规 2SLS 第二阶段	(5) 全样本 非正规 2SLS 第二阶段	(6) 小微企业创办 正规 2SLS 第二阶段
第一个孩子是男孩	-0.002	0.018^{***}	-0.028	-0.003	0.018^{***}	-0.020
	(-0.99)	(3.01)	(-1.40)	(-1.17)	(2.94)	(-0.90)
信贷约束	-0.003	-0.000	-0.020	-0.001	0.001	-0.022
	(-1.11)	(-0.01)	(-0.83)	(-0.31)	(0.15)	(-0.90)
非正规借贷	-0.003	-0.009	-0.012	-0.001	-0.008	0.010
	(-1.26)	(-1.48)	(-0.60)	(-0.54)	(-1.19)	(0.41)
通信支出对数值	0.001	0.011^{***}	0.003	-0.002	0.008	-0.021
	(1.44)	(3.22)	(0.29)	(-0.75)	(1.21)	(-1.10)
人均总资产对数值	0.002^{***}	0.004^{**}	0.020^{***}	0.001	0.003	0.008
	(3.16)	(2.43)	(2.71)	(0.95)	(1.25)	(0.79)
省份虚拟变量	控制	控制	控制	控制	控制	控制
第一阶段 F 统计量				56.96	56.96	12.03
观测值	11 252	11 252	970	11 252	11 252	970
调整后的 R^2	0.012	0.038	0.152			

注：括号里报告的是异方差—稳健标准误下的 t 统计量，*** 表示 $p<0.01$，** 表示 $p<0.05$，* 表示 $p<0.1$。

表 6.18　个人信用授信使用对小微企业创办的影响(工具变量第一阶段)

	(1) 全样本 2SLS 第一阶段	(2) 小微企业创办 2SLS 第一阶段
社区信用卡推销	0.059***	0.099***
	(7.55)	(3.47)
控制变量	控制	控制
省份虚拟变量	控制	控制
观测值	11 252	970
调整后的 R^2	0.281	0.252

注:括号里报告的是异方差—稳健标准误下的 t 统计量,*** 表示 $p<0.01$,** 表示 $p<0.05$,* 表示 $p<0.1$。

6.5.3　稳健性检验

为了考察前文估计结果的可靠性,本小节从以下三个方面对家庭个人信用授信使用影响小微企业创办的实证结果进行稳健性检验。

第一,我们对主要结果进行倾向得分匹配估计。首先,我们分别基于全样本(或给定创办小微企业的样本)估计一个 Probit 模型,该模型的被解释变量是个人信用授信使用哑变量,解释变量(或叫匹配变量)包括基准模型中所有的控制变量,估计得到的拟合值即为家庭使用个人信用授信的概率,作为倾向得分值。其次,我们将处理组(使用个人信用授信)与对照组(没有使用个人信用授信)基于倾向得分进行一对一最近邻匹配;表 6.19 的面板 A 和面板 B 分别展示了基于全样本和创办小微企业样本匹配过程的准确程度,结果表明处理组和对照组之间的倾向得分估计值分布非常接近。最后,基于匹配样本,我们对主要结果重新进行估计。如表 6.19 的面板 C 所示,在考虑了家庭使用个人信用授信的可能性存在差异的情况下，个人信用授信使用对家庭创办正规小微企业的倾向仍有显著的促进作用，但对家庭创办非正规小微企业的选择没有影响。

表 6.19　个人信用授信使用对小微企业创办的影响（倾向得分匹配估计）

面板 A：倾向得分估计值的分布（全样本）

	观测值	均值	标准差	最小值	25 分位	中位数	75 分位	最大值
处理组	1 737	0.36	0.19	0.00	0.21	0.36	0.51	0.88
对照组	1 737	0.37	0.21	0.00	0.21	0.37	0.51	0.93
差　异	1 737	0.04	0.02	0.00	0.04	0.05	0.05	0.05

面板 B：倾向得分估计值的分布（小微企业创办＝1）

	观测值	均值	标准差	最小值	25 分位	中位数	75 分位	最大值
处理组	189	0.36	0.21	0.02	0.20	0.34	0.51	0.88
对照组	189	0.36	0.24	0.02	0.16	0.34	0.52	0.92
差　异	189	0.04	0.02	0.00	0.04	0.05	0.05	0.05

面板 C：基于匹配样本的估计结果

	(1)	(2)	(3)	(4)
样本	全样本	全样本	全样本	小微企业创办＝1
被解释变量	小微企业创办	正规小微企业创办	非正规小微企业创办	正规小微企业创办
个人信用授信使用	0.010	0.009*	0.003	0.148***
	(1.06)	(1.81)	(0.38)	(3.54)
控制变量	控制	控制	控制	控制
省份虚拟变量	控制	控制	控制	控制
观测值	3 474	2 942	3 474	303
伪 R^2	0.084	0.108	0.110	0.305

注：(1) 表 6.19 的面板 A 和面板 B 报告的"差异"是匹配样本中处理组与其最近邻匹配对象倾向得分值之差的绝对值的分布。

(2) 表 6.19 的面板 C 回归括号里报告的是异方差—稳健标准误下的 t 统计量，*** 表示 $p<0.01$，** 表示 $p<0.05$，* 表示 $p<0.1$。

(3) 全样本一对一最近邻匹配共得到 3 474 个匹配样本（1 737 对），而小微企业创办子样本一对一最近邻匹配共得到 378 个匹配样本（189 对），面板 C 回归第(2)列和第(4)列样本减少是 Probit 估计时被解释变量被完美预测导致。

　　第二,家庭的创业选择可分为不创业、创办正规小微企业和创办非正规小微企业三类,考虑到多元 Logit 模型适用于离散选择多于两种的情况,因此我们使用多元 Logit 模型重新估计家庭创办小微企业决策的影响因素。[①]为方便比较,我们选取不创业的家庭作为对照组,结果如表 6.20 所示。回归结果表明,在哑变量个人信用授信使用从 0 到 1 的变化中,家庭选择创办正规小微企业的概率与选择不创业的概率之比为 1.909,但家庭选择创办非正规小微企业的概率与选择不创业的概率之比为 0.971,这进一步佐证了个人信用授信使用对非正规组织形式小微企业的创办没有影响,但对正规组织形式小微企业的创办有显著的促进作用。

表 6.20　个人信用授信使用对家庭创办小微企业不同选择的影响(多元 Logit 估计)

	(1) 正规小微企业创办	(2) 非正规小微企业创办
个人信用授信使用	1.909***	0.971
	(2.71)	(−0.28)
控制变量	控制	控制
省份虚拟变量	控制	控制
观测值	11 252	11 252
伪 R^2	0.091	0.091

注:(1) 对照组是选择不创业的家庭。
　　(2) 报告的系数是每个选择(这里是正规小微企业创办或非正规小微企业创办)相对于对照组"不创业"选择的相对风险比,括号里报告的是异方差—稳健标准误下的 t 统计量,*** 表示 $p<0.01$, ** 表示 $p<0.05$, * 表示 $p<0.1$。

———————

　　① 多元 Logit 适用的一个较强的假设是 IIA,即"无关选择的独立性"假设,IIA 假设意味着添加或减少替代选择类别不会影响其余选择之间的概率。不可否认,本章中家庭创业选择"正规小微企业创办"和"非正规小微企业创办"比较相似,因此可能并不满足 IIA 假设。在 IIA 假设难以满足时,解决办法之一是把相似的选择归为一组,允许同组内的选择相关,但不同组的选择相互独立,从而形成嵌套式(nested)的结构(嵌套 Logit)。由于嵌套 Logit 只能报告第一层的结果(创业 vs.不创业),而无法报告第二层面的结果(创办正规小微企业 vs.创办非正规小微企业),因此也不适用于本章研究。

第三,模型式(6.3)与式(6.4)的误差项可能是相关的,进一步地,我们估计二元 Probit(STATA 中 Biprobit)模型以保证结果的稳健性,该模型允许两个误差项之间的相关性,估计结果报告在表 6.21 中。结果表明,与没有使用个人信用授信的家庭相比,使用个人信用授信的家庭在两年内开展正规创业活动的概率显著增加了 0.7 个百分点,这一效应在经济上也具有重要意义,但个人信用授信使用对非正规创业活动并没有显著影响。该结果进一步证实了本章的假说 6.2。

表 6.21 个人信用授信使用对小微企业创办的影响(Biprobit 估计结果)

	(1) 正规小微企业创办	(2) 非正规小微企业创办
个人信用授信使用	0.007***	−0.000
	(3.09)	(−0.03)
控制变量	控制	控制
省份虚拟变量	控制	控制
观测值	11 252	970
Prob>Chi2(rho=0 的 Wald 检验)	0.000	0.000
对数似然值	−3 395.69	−3 395.69

注:括号里报告的是异方差—稳健标准误下的 t 统计量,*** 表示 $p<0.01$,** 表示 $p<0.05$,* 表示 $p<0.1$。

需要说明的是,本章没有进一步讨论创办正规或非正规小微企业的农村家庭样本,原因在于仅 2% 的农村家庭在 2013 年 CHFS 调查时报告使用个人信用授信,同时仅 6% 的农村家庭在 2013—2015 年期间创办小微企业,其中只有 0.13% 的家庭创办了正规小微企业,农村样本的统计性描述及基准回归结果见附表 6.2 和附表 6.3。

6.6　小结

本章使用 2013 年、2015 年 CHFS 数据,考察了个人信用授信使用对小微企业的存活及创办选择的影响。研究结果表明,家庭使用个人信用授信能够提高小微企业持续经营的可能性,且该正向效应随受访者金融知识水平与企业经营时间不同呈现出显著异质性。这一发现与共同富裕的目标相一致,因为通过增加个人信用授信的使用,我们可以鼓励更多家庭创办和发展小微企业,实现经济增长的共同分享。同时,研究还发现,个人信用授信使用对家庭创办正规小微企业的选择有显著的促进作用,但对家庭创办非正规小微企业的选择没有影响。这一发现不仅是对企业组织形式内生化选择理论的重要补充,也可以从共同富裕的角度来解读。在这个框架下,我们需要更多地支持那些能够规范发展、为社会创造价值的企业形式,以实现更加公平的经济结构。然而,一些不可观测因素的遗漏产生的内生性会导致直接估计有偏误,如企业主的能力可能会同时影响个人信用授信使用和企业的存活能力或创业选择。为了解决这一问题,本章选取社区信用卡推销作为个人信用授信使用的工具变量,对主要回归进行重新估计并得到稳健的结果。

本章在第 5 章证实了家庭(小微企业主)借助个人信用为小微企业融资这种信贷流动机制存在的基础上,进一步提供了该信贷流动机制支持中国小微企业存活和进入的证据。本章研究是对现有在解释企业绩效方面正规金融或非正规金融哪个扮演的角色更为重要的文献争论的一个新补充,指出了金融自助方式在帮助填补小微企业信贷缺口和支持私营小微企业方面的重要性。对于中国私营企业采取非常规方式解决融资需求的现象,本章的结论倾向于支持卢峰、姚洋(2004)的看法。他们认为,尽管过往研究发现金融资源从国有部门流向私营部门的漏损效应支持了私营部门的发展,但这并不意味着私营部门是靠违法经营来获得成功的。漏损效应的存在也不是因为私营部门的违法经营动机,而是因为银行对私营部门的信贷配给。因此,应该改变的是银行的放贷行为,而不是私营部门的经营方式。

本章的结论也为理解和解决中国小微企业"融资难"问题提供了有益启示。征信系统(金融信用信息基础数据库)已经成为中国重要的金融基础设施,在促进金融交易、降低金融风险、帮助公众节约融资成本、创造融资机会、提升社会信用意识等方面发挥了重要作用。信用报告已成为反映企业和个人信用状况的"经济身份证"。本章研究发现,当小微企业信用不足时,企业主会转向使用个人信贷弥补资金缺口,因此,完善社会信用体系的建设在填补小微企业融资缺口方面发挥重要作用。特别是在共同富裕的视角下,它有助于推动经济实现更具包容性的增长。

尽管我们认为个人信用授信的使用可以起到与小微企业信用贷款类似的作用,但我们同样清楚企业使用信用贷款的好处。虽然个人信用授信债务具有一定灵活性,但企业信用贷款是更为优越的选择。而作为重要替补融资途径,个人信用授信使用所隐含的风险有待进一步研究,这也提示需要更加完善和发展信贷体系支持中国小企业的这一重要主张。

本章的研究成果不仅为我们更好地理解小微企业融资问题提供了重要线索,还为实现共同富裕的目标提供了新的思考和方向。通过支持小微企业中的弱势群体,为其提供合法的融资途径,可以推动更多的家庭和个人积极参与经济活动,从而促进经济的包容性发展。

附表

附表 6.1　变量说明

	定　　义
被解释变量	
小微企业存活	哑变量,如果家庭在 2013 年 CHFS 调查时有工商业项目,到 2015 年调查时仍持续经营为 1,否则为 0
小微企业创办	哑变量,如果受访家庭在 2013 年 CHFS 调查没有工商业项目, 而在 2013—2015 年调查期间创办工商业项目为 1,否则为 0
正规小微企业创办	哑变量,如果受访家庭在 2013 年 CHFS 调查没有工商业项目, 而在 2013—2015 年调查期间创办正规组织的工商业项目为 1, 否则为 0
非正规小微企业创办	哑变量,如果受访家庭在 2013 年 CHFS 调查没有工商业项目, 而在 2013—2015 年调查期间创办非正规组织形式的工商业项目为 1,否则为 0
关键变量	
个人信用授信使用	哑变量,如果家庭在 2013 年 CHFS 调查时报告使用信用卡为 1,否则为 0
控制变量	
企业特征：	
企业年龄	等于问卷调查年份(2013 年)减去工商业项目创建年份
资产负债率	等于企业总负债除以总资产
员工数	企业员工数,既包括从外部雇用的员工也包括家庭内部成员
年营业额	工商业年总营业收入,单位为万元
受访者特征：	
年龄	等于问卷调查年份(2013 年)减去企业主出生年份
男性	哑变量,如果企业主是男性为 1,否则为 0
受教育程度	哑变量,受访者的受教育程度分为四组,其中小学文化程度及以下为参照组,另外三组分别是初中、高中(包括职业高中)、大专及以上

续表

	定　　　义
已婚	哑变量,如果企业主已婚为 1,否则为 0
城镇户口	哑变量,如果企业主持有城镇户口为 1,否则为 0
风险厌恶	哑变量,被问"如果你有充足的钱,以下投资项目选择你更想投资哪一个?"时,如果企业主回答"略低风险,略低回报"和"不愿意承担任何风险"为 1,否则为 0
是否参加过金融相关课程	哑变量,如果受访者曾经参加过金融类相关课程为 1,否则为 0
信息关注度高	哑变量,如果受访者对金融或经济类信息的关注程度是"非常关注"和"很关注"为 1,否则为 0
信息关注度一般	哑变量,如果受访者对金融或经济类信息的关注程度是"一般"为 1,否则为 0
信息关注度低	哑变量,如果受访者对金融或经济类信息的关注程度是"很少关注"为 1,否则为 0
信息关注度很低	哑变量,如果受访者对金融或经济类信息的关注程度是"从不关注"为 1,否则为 0;该组为参照组
健康状况差	哑变量,如果与同龄人相比,受访者健康状况为"差"和"非常差"为 1,否则为 0
家庭特征:	
家庭规模	家庭总人口数
家庭劳动力人数	年龄介于 16—64 周岁的家庭成员数量
第一个孩子是男孩	哑变量,如果家中有小孩且第一个孩子是男孩为 1,否则为 0
信贷约束	哑变量,如果家庭因为购房、购车需要贷款但贷款申请被拒绝或未向银行提交申请为 1,否则为 0
非正规借贷	哑变量,如果家庭有尚未偿还的非正规渠道债务为 1,否则为 0
通信支出	包括电话和网络费用在内的全部通信费用,单位为万元
人均总资产	家庭总资产除以总人口,单位为万元

附表 6.2　描述性统计(小微企业创办,农村家庭样本)

	均值	标准差	最小值	中位数	最大值
被解释变量					
小微企业创办	0.06	0.24	0.00	0.00	1.00
正规小微企业创办	0.00	0.04	0.00	0.00	1.00
非正规小微企业创办	0.06	0.24	0.00	0.00	1.00

续表

	均值	标准差	最小值	中位数	最大值
关键变量					
个人信用授信使用	0.02	0.16	0.00	0.00	1.00
控制变量					
企业主年龄	52.46	12.42	17.00	52.00	113.00
男性	0.65	0.48	0.00	1.00	1.00
小学及以下学历	0.56	0.50	0.00	1.00	1.00
初中学历	0.33	0.47	0.00	0.00	1.00
高中学历	0.09	0.29	0.00	0.00	1.00
大专及以上学历	0.02	0.12	0.00	0.00	1.00
已婚	0.91	0.29	0.00	1.00	1.00
农村户口	0.96	0.20	0.00	1.00	1.00
城镇户口	0.04	0.20	0.00	0.00	1.00
风险厌恶	0.74	0.44	0.00	1.00	1.00
是否参加过金融相关课程	0.02	0.14	0.00	0.00	1.00
信息关注度高	0.11	0.31	0.00	0.00	1.00
信息关注度一般	0.20	0.40	0.00	0.00	1.00
信息关注度低	0.24	0.43	0.00	0.00	1.00
信息关注度差	0.45	0.50	0.00	0.00	1.00
健康状况差	0.65	0.48	0.00	1.00	1.00
家庭规模	4.07	1.82	1.00	4.00	19.00
家庭劳动力人数	2.54	1.53	0.00	3.00	17.00
第一个孩子是男孩	0.43	0.50	0.00	0.00	1.00
信贷约束	0.23	0.42	0.00	0.00	1.00
非正规借贷	0.51	0.50	0.00	1.00	1.00
通信支出(万元)	0.12	0.16	0.00	0.07	4.20
人均总资产(万元)	7.08	12.92	0.00	3.53	297.18
观测值	6 727				

注:为了缓解异常值的影响,我们对连续变量在上下 1% 进行缩尾处理。

附表 6.3　个人信用授信使用对小微企业创办的影响(农村家庭样本)

	(1) Probit	(2) OLS
个人信用授信	0.001	0.008
	(0.08)	(0.35)
控制变量	控制	控制
省份虚拟变量	控制	控制
观测值	6 727	6 727
调整后的 R^2		0.028
伪 R^2	0.079	

注:括号里报告的是异方差—稳健标准误下的 t 统计量,*** 表示 $p<0.01$,** 表示 $p<0.05$,* 表示 $p<0.1$。

第7章　结论、政策启示及展望

多年来，小微企业"贷款难"一直是政府、金融机构和小微企业所面临的重大难题。这个问题涉及供给侧的信贷分配以及需求侧的自我限制，两者相互作用，导致了小微企业"贷款难"的现象。传统的银行信贷配给理论主要从供给侧角度分析，却忽视了需求侧的潜在影响，如小微企业可能存在的自我信贷约束问题。本书注意到，无论是非正规还是正规小微企业，受自我信贷约束的比例大约都是受银行信贷约束的两倍。然而，目前关于需求侧小微企业自我信贷约束的研究仍然较为有限。

在这一背景下，本书首先基于银行信贷配给理论和"消极借款人"理论，根据企业贷款需求、贷款申请情况以及获得情况，将企业信贷约束分为供给侧银行信贷约束和需求侧企业自我信贷约束两类，并全面分析了中国正规和非正规小微企业的信贷可得性现状。

其次，本书以中国小微企业信贷可得性现状为出发点，结合相关理论和实际背景，提出了三个实证研究问题：第一，鉴于小微企业的贷款参与率较低，考察企业主的金融素养是否影响小微企业与金融市场之间的互动以及作用机制。这一研究从金融需求侧的角度审视了小微企业信贷可得性问题,对传统的供给侧研究提供了有益的补充。第二,银行的信贷配给和企业的自我信贷约束都会导致小微企业面临资金缺口,寻求替代融资途径成为不可避免的选择;因此,本书重点讨论了一种在小微企业中较为常见但常常被忽视的金融自助方式,即在使用消费信贷缓解家庭预算约束的情况下,小微企业主借助家庭"内部资金池"应对流动性需求。第三,这种金融自助方式是否对小微企业存活和进入具有支持作用,本书就此对第二个研究问题进行了更为深入和广泛的探讨。

首先,企业主的金融素养对于非正规小微企业的银行贷款可得性具有促进作用,而对正规小微企业则没有显著影响。该结论在处理了潜在的内生性问题和可能的干扰因素后保持稳健。本书还发现,金融素养的促进效应仅在企业主拥有农村户口的非正规小微企业样本中存在,并且在金融发展水平较低的地区更加显著。这表明金融素养和区域金融发展水平之间存在替代关系。进一步的机制研究表明,当企业主的金融素养较高时,小微企业更有可能有银行信贷需求,也更有可能向银行提交贷款申请,同时其贷款申请获批的可能性更高。

其次,受到信贷约束的小微企业,其企业主更有可能使用自助融资方式,正规小微企业和非正规小微企业均是如此。企业主户口类型、金融素养以及企业存续时间都会影响信贷约束对自助融资方式的正向影响。具体而言,企业主金融知识越丰富程度,企业经营时间越长,信贷约束对自助融资方式的正向影响越强,但这种正向影响在企业主持有农村户口的企业中较弱。需要注意的是,小微企业是否持有银行贷款不是随机决定的,而是存在一定的自选择问题。为解决这一问题,本研究使用自选择模型,将银行贷款的抵押品要求作为外生识别变量,对主要回归模型进行重新估计,并得到一致的结果。

最后，自助融资方式的使用能够提高非正规小微企业持续经营的可能性，且这一正向效应随受访者金融知识水平与企业经营时间的不同呈现出显著的异质性；自助融资方式的使用对正规组织形式小微企业的创办有显著的促进作用，但对非正规组织形式小微企业的创办没有影响，这一结果与企业组织形式的内生化选择文献的研究结论相一致，即不同组织形式的企业在创办时对资金的需求是不同的，组织化程度较高的小微企业通常对资金的需求较高。为了应对一些不可观测的遗漏因素引发的内生性问题，本书选取社区信用卡推销作为个人信用授信使用的工具变量，重新估计主要回归模型，并得到稳健的结果。

总结这三个问题的研究结论，有助于更好地理解小微企业的融资问题，为实现共同富裕提供新的思考和方向，并带来一些政策启示。

一是金融普惠与共同富裕。现有的研究主要从金融供给的角度解读中国小微企业的融资困境，虽然金融市场改革改善了外部融资环境，但小微企业"贷款难"问题仍然难以根本解决。本研究从金融需求的视角重新审视这一问题，有益地补充了现有研究。借鉴世界银行提高金融素养以促进发展中国家经济增长的建议，结合企业主金融素养在非正规小微企业中能够促进银行贷款可得性这一结论，本书提示通过金融素养教育，可以提升非正规小微企业的金融普惠水平，更有针对性地帮助弱势群体。此外，金融素养对于金融发展水平较低的地区影响更显著，这揭示了个人金融素养与制度性金融发展水平之间存在替代关系，或可在进行必要且详尽的成本效益分析的基础上，选择合适的多途径整合，以更好地实现共同富裕的目标。

二是金融创新与经济增长。根据本研究的结果，个人信用授信在中国小微企业的融资中扮演重要角色，显著减轻了它们的流动性约束。虽然这种融资方式可能降低信贷的可追踪性,但其潜在益处可能超过相关金融风险。本研究表明,个人信用授信的谨慎使用使得其风险可控。或许因为个人信用授信的使用,整体经济的系统性金融风险可能减少。因为小企业主有动机不滥用信用,所以还可以通过个人信息解决小微企业信息不透明的问题并减轻道德风险。此外,中国尚未形成个人破产法,债权人对逾期债务保有永久追偿权,这进一步抑制了个人信用授信的逆向选择问题。因此,在合法合规的前提下,适当进行金融创新、补充融资渠道与发展信贷体系以支持中国小微企业的建议相契合。这可能有助于缓解小企业的流动性约束,从而推动中国经济增长。

三是金融创新与政策支持。政策支持对于实现共同富裕目标至关重要。本研究关注的个人信用授信不仅凸显了金融创新的重要性,也强调了政府在监管和支持金融创新方面的责任。政府可以通过制定有利于小微企业融资和金融普惠的政策,积极促进共同富裕目标的实现。同时,政府还可以加强金融教育宣传,确保更多人掌握理性消费和投资的技能,从而使他们在经济发展中受益更多。这将有助于加快金融普惠的实现,为更广泛的人群提供财富增长的机会。

当然,本书的研究也存在诸多不足之处,有待进一步讨论和分析。第一,小微企业融资决策是个复杂的动态过程,从融资需求到融资渠道选择再到是否获得融资、融资需求的满足程度以及融资成本的确定等都是相互联系的,本书所使用的简约式经济计量模型难以把内在机制阐释清楚。第二,过往文献中对企业的存活广泛采用 Cox 比例风险模型进行估计,该模型对数据的时间跨度有较高的要求,由于数据的限制,此模型不适用于本书。第三,尚有一系列问题值得进一步研究和探讨。例如,本书发现小微企业受自我信贷约束的比例是银行信贷配给的两倍左右,那么具有什么特点的小微企业更可能受自我信贷约束？小微企业自我信贷约束是不是一种有效的自我配给机制？即是不是信用风险高的小微企业更可能受自我信贷约束？第四,企业信贷约束状态不是离散的。因此,构建一个时变的、连续的信贷约束变量有待进一步尝试。

参考文献

蔡栋梁、邱黎源、孟晓雨等:《流动性约束、社会资本与家庭创业选择——基于 CHFS 数据的实证研究》,《管理世界》2018 年第 9 期,第 79—94 页。

陈明华、刘华军、孙亚男:《中国五大城市群金融发展的空间差异及分布动态:2003～2013 年》,《数量经济技术经济研究》2016 年第 7 期,第 130—144 页。

陈晓红、高阳洁:《企业家人口统计特征对中小企业融资约束的影响机制研究》,《科研管理》2013 年第 12 期,第 110—119 页。

崔光庆、王景武:《中国区域金融差异与政府行为:理论与经验解释》,《金融研究》2006 年第 6 期,第 79—89 页。

樊纲:《论体制转轨的动态过程——非国有部门的成长与国有部门的改革》,《经济研究》2000 年第 1 期,第 11—21 页,第 61—79 页。

樊娜娜、李荣林:《融资约束、企业动态与行业生产率——基于中国工业企业数据的分析》,《当代经济科学》2017 年第 2 期,第 86—94 页,第 127 页。

甘犁、尹志超、贾男等:《中国家庭资产状况及住房需求分析》,《金融研究》2013 年第 4 期,第 1—14 页。

苟琴、黄益平:《我国信贷配给决定因素分析——来自企业层面的证据》,《金融研究》2014 年第 8 期,第 1—17 页。

苟琴、黄益平、刘晓光:《银行信贷配置真的存在所有制歧视吗?》,《管理世界》2014 年第 1 期,第 16—26 页。

何韧、刘兵勇、王婧婧:《银企关系、制度环境与中小微企业信贷可得性》,《金融研究》2012 年第 11 期,第 103—115 页。

黎日荣:《企业融资约束、退出与资源误配》,《财贸研究》2016 年第 3 期,第

126—137 页。

李华民、吴非:《银行规模、贷款技术与小企业融资》,《财贸经济》2019 年第 9 期,第 84—101 页。

李江一、李涵:《消费信贷如何影响家庭消费?》,《经济评论》2017 年第 2 期,第 113—126 页。

李志赟:《银行结构与中小企业融资》,《经济研究》2002 年第 6 期,第 38—45 页,第 94 页。

廖理、沈红波、苏治:《如何推动中国居民的信用卡消费信贷——基于住房的研究视角》,《中国工业经济》2013 年第 12 期,第 117—129 页。

林毅夫、李永军:《中小金融机构发展与中小企业融资》,《经济研究》2001 年第 1 期,第 10—18 页,第 53—93 页。

林毅夫、孙希芳:《信息、非正规金融与中小企业融资》,《经济研究》2005 年第 7 期,第 35—44 页。

卢峰、姚洋:《金融压抑下的法治、金融发展和经济增长》,《中国社会科学》2004 年第 1 期,第 42—55 页,第 206 页。

鲁丹、肖华荣:《银行市场竞争结构、信息生产和中小企业融资》,《金融研究》2008 年第 5 期,第 107—113 页。

罗正英、周中胜、王志斌:《金融生态环境、银行结构与银企关系的贷款效应——基于中小企业的实证研究》,《金融评论》2011 年第 2 期,第 64—81 页,第 125 页。

罗正英、周中胜、詹乾隆:《中小企业的银行信贷融资可获性:企业家异质特征与金融市场化程度的影响》,《会计研究》2010 年第 6 期,第 44—50 页,第 95—96 页。

马光荣、李力行:《金融契约效率、企业退出与资源误置》,《世界经济》2014 年第 10 期,第 77—103 页。

马光荣、杨恩艳:《社会网络、非正规金融与创业》,《经济研究》2011 年第 3 期,第 83—94 页。

马双、赵朋飞:《金融知识、家庭创业与信贷约束》,《投资研究》2015 年第 1 期,第 25—38 页。

钱水土、吴卫华:《信用环境、定向降准与小微企业信贷融资——基于合成控制法的经验研究》,《财贸经济》2020 年第 2 期,第 99—114 页。

秦芳、王文春、何金财:《金融知识对商业保险参与的影响——来自中国家庭金融调查(CHFS)数据的实证分析》,《金融研究》2016 年第 10 期,第 143—158 页。

宋全云、吴雨、尹志超:《金融知识视角下的家庭信贷行为研究》,《金融研究》

2017 年第 6 期,第 95—110 页。

宋全云、吴雨、尹志超:《金融素养与家庭创业存续》,《科研管理》2020 年第 11 期,第 133—142 页。

田晓霞:《小企业融资理论及实证研究综述》,《经济研究》2004 年第 5 期,第 107—116 页。

万解秋:《企业融资结构研究》,复旦大学出版社 2001 年版。

王冀宁、赵顺龙:《外部性约束、认知偏差、行为偏差与农户贷款困境——来自 716 户农户贷款调查问卷数据的实证检验》,《管理世界》2007 年第 9 期,第 69—75 页。

王霄、张捷:《银行信贷配给与中小企业贷款——一个内生化抵押品和企业规模的理论模型》,《经济研究》2003 年第 7 期,第 68—75 页。

徐丽鹤、吕佳玮、何青:《信用卡、风险应对与城镇家庭股市参与》,《金融研究》2019 年第 3 期,第 149—167 页。

杨丰来、黄永航:《企业治理结构、信息不对称与中小企业融资》,《金融研究》2006 年第 5 期,第 159—166 页。

姚耀军、董钢锋:《中小银行发展与中小企业融资约束——新结构经济学最优金融结构理论视角下的经验研究》,《财经研究》2014 年第 1 期,第 105—115 页。

叶宁华、包群:《信贷配给、所有制差异与企业存活期限》,《金融研究》2013 年第 12 期,第 140—153 页。

尹志超、钱龙、吴雨:《银企关系、银行业竞争与中小企业借贷成本》,《金融研究》2015 年第 1 期,第 134—149 页。

张杰、刘元春、翟福昕等:《银行歧视、商业信用与企业发展》,《世界经济》2013 年第 9 期,第 94—126 页。

张杰:《金融中介理论发展述评》,《中国社会科学》2001 年第 6 期,第 74—84 页,第 206 页。

张捷:《中小企业的关系型借贷与银行组织结构》,《经济研究》2002 年第 6 期,第 32—37 页,第 54—94 页。

张捷、王霄:《中小企业金融成长周期与融资结构变化》,《世界经济》2002 年第 9 期,第 63—70 页。

张晓玫、潘玲:《我国银行业市场结构与中小企业关系型贷款》,《金融研究》2013 年第 6 期,第 133—145 页。

张一林、林毅夫、龚强:《企业规模、银行规模与最优银行业结构——基于新结构经济学的视角》,《管理世界》2019 年第 3 期,第 31—47 页,第 206 页。

周天勇:《发展中小企业:未来社会稳定最重大的战略》,《中国工业经济》

2000 年第 7 期,第 5—11 页。

周业安:《金融抑制对中国企业融资能力影响的实证研究》,《经济研究》1999
年第 2 期,第 15—22 页。

Abdesselam, R., Bonnet J. and Le Pape N., 2004, "An Explanation of the
Life Span of New French Firms", *Small Business Economics*, 23(3):237—254.

Adler, P.S. and Kwon S.W., 2002, "Social Capital: Prospects for a New
Concept", *The Academy of Management Review*, 27(1):17—40.

Akerlof, G.A., 1970, "The Market for 'Lemons': Quality Uncertainty and
the Market Mechanism", *The Quarterly Journal of Economics*, 84(3):488—
500.

Allen, F., Qian J. and Qian M., 2005, "Law, Finance, and Economic
Growth in China", *Journal of Financial Economics*, 77(1):57—116.

Andrieu, G., Staglianò R. and Zwan P., 2018, "Bank Debt and Trade Credit
for SMEs in Europe: Firm-, Industry-, and Country-level Determinants", *Small
Business Economics*, 51(1):245—264.

Ang, J.S., 1991, "Small Business Uniqueness and the Theory of Financial
Management", *Journal of Small Business Finance*, 1(1):1—13.

Asiedu, E., Freeman J.A. and Nti-Addae A., 2012, "Access to Credit by
Small Businesses: How Relevant are Race, Ethnicity, and Gender?", *The
American Economic Review*, 102(3):532—537.

Avery, R.B., Bostic R.W. and Samolyk K.A., 1998, "The Role of Personal
Wealth in Small Business Finance", *Journal of Banking and Finance*, 22(6):
1019—1061.

Ayyagari, M., Demirgüç-Kunt A. and Maksimovic V., 2008, "How Impor-
tant are Financing Constraints? The Role of Finance in the Business Environ-
ment", *The World Bank Economic Review*, 22(3):483—516.

Ayyagari, M., Demirgüç-Kunt A. and Maksimovic V., 2010, "Formal ver-
sus Informal Finance: Evidence from China", *The Review of Financial Studies*,
23(8):3048—3097.

Bagehot, W., 1873, *Lombard Street*, Homewood IL: Richard D. Irwin.

Banerjee, A.V. and Duflo E., 2007, "The Economic Lives of the Poor",
The Journal of Economic Perspectives, 21(1):141—167.

Banerjee, A.V. and Duflo E., 2011, *Poor Economics: A Radical Rethin-
king of the Way to Fight Global Poverty*, New York: Public Affairs.

Banerjee, A.V., Besley T. and Guinnane T.W., 1994, "The Neighbor's

Keeper: The Design of a Credit Cooperative with Theory and a Test", *The Quarterly Journal of Economics*, 109(2):491—515.

Barham, B.L., Boucher S. and Carter M.R., 1996, "Credit Constraints, Credit Unions, and Small-Scale Producers in Guatemala", *World Development*, 24(5):793—806.

Bartlett, M.S., 1937, "The Statistical Conception of Mental Factors", *British Journal of Psychology General Section*, 28(1):97—104.

Beck, T. and Demirgüç-Kunt A., 2006, "Small and Medium-Size Enterprises: Access to Finance as a Growth Constraint", *Journal of Banking and Finance*, 30(11):2931—2943.

Beck, T., Demirgüç-Kunt A. and Levine R., 2004, *Law and Firms' Access to Finance*, Washington, D.C.: World Bank.

Beck, T., Demirgüç-Kunt A. and Levine R., 2007, "Finance, Inequality and the Poor", *Journal of Economic Growth*, 12(1):27—49.

Beck, T. and Levine R., 2002, "Industry Growth and Capital Allocation: Does Having a Market-or Bank-Based System Matter?", *Journal of Financial Economics*, 64(2):147—180.

Beck, T. and Levine R., 2004, "Stock Markets, Banks, and Growth: Panel Evidence", *Journal of Banking and Finance*, 28(3):423—442.

Beck, T., Levine R. and Loayza N., 2000, "Finance and the Sources of Growth", *Journal of Financial Economics*, 58(1):261—300.

Beck, T., Lu L. and Yang R., 2015, "Finance and Growth for Microenterprises: Evidence from Rural China", *World Development*, 100(67):38—56.

Bellofatto, A., Catherine D.H. and De Winne R., 2018, "Subjective Financial Literacy and Retail Investors' Behavior", *Journal of Banking and Finance*, 92: 168—181.

Berger, A.N. and Frame W.S., 2007, "Small Business Credit Scoring and Credit Availability", *Journal of Small Business Management*, 45(1):5—22.

Berger, A.N., Klapper L.F. and Udell G.F., 2001, *The Ability of Banks to Lend to Informationally Opaque Small Businesses*, Washington, D.C.: World Bank.

Berger, A.N. and Udell G.F., 1993, "Lines of Credit, Collateral, and Relationship Lending in Small Firm Finance", Board of Governors of the Federal Reserve System (US).

Berger, A.N. and Udell G.F., 1995, "Relationship Lending and Lines of

Credit in Small Firm Finance", *The Journal of Business*, 68(3):351—381.

Berger, A.N. and Udell G.F., 1998, "The Economics of Small Business Finance: The Roles of Private Equity and Debt Markets in the Financial Growth Cycle", *Journal of Banking and Finance*, 22(6):613—673.

Berger, A.N. and Udell G.F., 2002, "Small Business Credit Availability and Relationship Lending: The Importance of Bank Organisational Structure", *The Economic Journal*, 112(477):32—53.

Berger, A.N., Miller N.H., Petersen M.A., et al., 2005, "Does Function Follow Organizational Form Evidence from the Lending Practices of Large and Small Banks", *Journal of Financial Economics*, 76(2):237—269.

Berger, A.N., Saunders A., Scalise J.M., et al., 1998, "The Effects of Bank Mergers and Acquisitions on Small Business Lending", *Journal of Financial Economics*, 50(2):187—229.

Besley, T. and Coate S., 1995, "Group Lending, Repayment Incentives and Social Collateral", *Journal of Development Economics*, 46(1):1—18.

Bester, H., 1985, "Screening vs Rationing in Credit Markets with Imperfect Information", *American Economic Review*, 75(4):850—855.

Bester, H., 1987, "The Role of Collateral in Credit Markets with Imperfect Information", *European Economic Review*, 31(4):887—899.

Bhide, A., 1992, "Bootstrap Finance: The Art of Start-ups", *Harvard Business Review*, 70(6):109—117.

Bianchi, M., 2018, "Financial Literacy and Portfolio Dynamics", *The Journal of Finance*, 73(2):831—859.

Binks, M.R. and Ennew C.T., 1996, "Growing Firms and the Credit Constraint", *Small Business Economics*, 8(1):17—25.

Binks, M.R., Ennew C.T. and Reed G.V., 1992, "Information Asymmetries and the Provision of Finance to Small Firms", *International Small Business Journal*, 11(1):35—46.

Black, S.E. and Strahan P.E., 2002, "Entrepreneurship and Bank Credit Availability", *The Journal of Finance*, 57(6):2807—2833.

Blanchflower, D.G. and Evans D.S., 2004, "The Role of Credit Cards in Providing Financing for Small Businesses", *Payment Card Economics Review*, (2):77—95.

Blanchflower, D.G., Levine.P B. and Zimmerman D.J., 2003, "Discrimination in the Small Business Credit Market", *Review of Economics and Statistics*,

85(4):930—943.

Boot, A.W. A. and Thakor A.V., 2000, "Can Relationship Banking Survive Competition?", *The Journal of Finance*, 55(2):679—713.

Boucher, S.R., Guirkinger C. and Trivelli C., 2009, "Direct Elicitation of Credit Constraints: Conceptual and Practical Issues with an Empirical Application to Peruvian Agriculture", *Economic Development and Cultural Change*, 57(4): 609—640.

Brown, R., Liñares-Zegarra J. and Wilson J.O.S., 2019, "Sticking it on Plastic: Credit Card Finance and Small and Medium Sized Enterprises in the UK", *Regional Studies*, 53(5):630—643.

Bruno, A.V., Leidecker J.K. and Harder J.W., 1987, "Why Firms Fail", *Business Horizons*, 30(2):50—58.

Calvet, L.E., Campbell J.Y. and Sodini P., 2009, "Measuring the Financial Sophistication of Households", *American Economic Review*, 99(2):393—398.

Carosso, V.P., 1970, *Investment Banking in America: A History*, Harvard University Press.

Carter, N., Brush C., Greene P., et al., 2003, "Women Entrepreneurs Who Break Through to Equity Financing: the Influence of Human, Social and Financial Capital", *Venture Capital*, 5(1):1—28.

Carter, R.B. and Van Auken H., 2005, "Bootstrap Financing and Owners' Perceptions of Their Business Constraints and Opportunities", *Entrepreneurship & Regional Development*, 17(2):129—144.

Cassar, G., 2004, "The Financing of Business Start-ups", *Journal of Business Venturing*, 19(2):261—283.

Cavalluzzo, K. and Wolken J., 2005, "Small Business Loan Turndowns, Personal Wealth, and Discrimination", *The Journal of Business*, 78(6):2153—2178.

Cavalluzzo, K.S. and Cavalluzzo L.C., 1998, "Market Structure and Discrimination: The Case of Small Businesses", *Journal of Money, Credit and Banking*, 30(4):771—792.

Cetorelli, N. and Strahan P.E., 2006, "Finance as a Barrier to Entry: Bank Competition and Industry Structure in Local US Markets", *The Journal of Finance*, 61(1):437—461.

Chakraborty, A. and Mallick R., 2012, "Credit Gap in Small Businesses: Some New Evidence", *International Journal of Business*, 17(1):65—80.

Chan, Y.S. and Thakor A.V., 1987, "Collateral and Competitive Equilibria with Moral Hazard and Private Information", *The Journal of Finance*, 42(2): 345—363.

Chatterji, A.K. and Seamans R.C., 2012, "Entrepreneurial Finance, Credit Cards, and Race", *Journal of Financial Economics*, 106(1):182—195.

Chong, T.T.L., Lu L. and Ongena S., 2013, "Does Banking Competition Alleviate or Worsen Credit Constraints Faced by Small-and Medium-sized Enterprises? Evidence from China", *Journal of Banking and Finance*, 37(9):3412—3424.

Claessens, S. and Laeven L., 2003, "Financial Development, Property Rights, and Growth", *The Journal of Finance*, 58(6):2401—2436.

Cole, R. and Sokolyk T., 2016, "Who Needs Credit and Who Gets Credit? Evidence from the Surveys of Small Business Finances", *Journal of Financial Stability*, 24:40—60.

Cole, R.A. and Wolken J.D., 1995, "Financial Services Used by Small Businesses: Evidence from the 1993 National Survey of Small Business Finances", *Federal Reserve Bulletin*, 81(7):629—667.

Cole, R.A., 1998, "The Importance of Relationships to the Availability of Credit", *Journal of Banking and Finance*, 22(6):959—977.

Cole, S., Sampson T. and Zia B., 2011, "Prices or Knowledge? What Drives Demand for Financial Services in Emerging Markets?", *The Journal of Finance*, 66(6):1933—1967.

Coleman, S., 2002, "Constraints Faced by Women Small Business Owners: Evidence from the Data", *Journal of Developmental Entrepreneurship*, 7(2): 151—174.

Coleman, S., 2007, "The Role of Human and Financial Capital in the Profitability and Growth of Women—Owned Small Firms", *Journal of Small Business Management*, 45(3):303—319.

Craig, S.G. and Hardee P., 2007, "The Impact of Bank Consolidation on Small Business Credit Availability", *Journal of Banking and Finance*, 31(4): 1237—1263.

Cressy, R., 1996, "Are Business Startups Debt-rationed?", *The Economic Journal*, 106(438):1253—1270.

Cull, R., Xu L.C. and Zhu T., 2009, "Formal Finance and Trade Credit During China's Transition", *Journal of Financial Intermediation*, 18(2):173—

192.

Dai, N., Ivanov V. and Cole R. A., 2017, "Entrepreneurial Optimism, Credit Availability, and Cost of Financing: Evidence from US Small Businesses", *Journal of Corporate Finance*, 44:289—307.

Davidsson, P., 1989, "Entrepreneurship-and After? A Study of Growth Willingness in Small Firms", *Journal of Business Venturing*, 4(3):211—226.

Degryse, H. and Ongena S., 2005, "Distance, Lending Relationships, and Competition", *The Journal of Finance*, 60(1):231—266.

Demirgüç-Kunt, A. and Maksimovic V., 1998, "Law, Finance, and Firm Growth", *The Journal of Finance*, 53(6):2107—2137.

Demirgüç-Kunt, A. and Maksimovic V., 2002, "Firms as Financial Inter-mediaries: Evidence from Trade Credit Data", Washington, D.C.: World Bank.

Diamond, D. W., 1984, "Financial Intermediation and Delegated Monito-ring", *The Review of Economic Studies*, 51(3):393—414.

Diamond, D. W., 1991, "Monitoring and Reputation: The Choice between Bank Loans and Directly Placed Debt", *Journal of Political Economy*, 99(4): 689—721.

Drexler, A., Fischer G. and Schoar A., 2014, "Keeping It Simple: Finan-cial Literacy and Rules of Thumb", *American Economic Journal: Applied Eco-nomics*, 6(2):1—31.

Ebben, J. J., 2009, "Bootstrapping and the Financial Condition of Small Firms", *International Journal of Entrepreneurial Behavior & Research*, 15 (4):346—363.

Ebben, J. and Johnson A., 2006, "Bootstrapping in Small Firms: An Em-pirical Analysis of Change over Time", *Journal of Business Venturing*, 21(6): 851—865.

Ebben, J.J. and Johnson A.C., 2011, "Cash Conversion Cycle Management in Small Firms: Relationships with Liquidity, Invested Capital, and Firm Per-formance", *Journal of Small Business & Entrepreneurship*, 24(3):381—396.

Elliehausen, G.E. and Wolken J.D., 1993, "The Demand for Trade Credit: An Investigation of Motives for Trade Credit Use by Small Businesses", *Federal Reserve Bulletin*, 79:1—18.

Engerman, S. and Sokoloff K., 1994, "Factor Endowments: Institutions, and Differential Paths of Growth Among New World Economies: A View from Economic Historians of the United States", Combridge: NBER.

Evans, D.S. and Jovanovic B., 1989, "An Estimated Model of Entrepreneurial Choice Under Liquidity Constraints", *Journal of Political Economy*, 97(4):808—827.

Evans, D.S. and Leighton L.S., 1989, "The Determinants of Changes in U.S. Self-employment, 1968—1987", *Small Business Economics*, 1:111—119.

Fabowale, L., Orser B. and Riding A., 1995, "Gender, Structural Factors, and Credit Terms Between Canadian Small Businesses and Financial Institutions", *Entrepreneurship Theory and Practice*, 19(4):41—65.

Fairlie, R.W., 1999, "The Absence of the African-American Owned Business: An Analysis of the Dynamics of Self-Employment", *Journal of Labor Economics*, 17(1):80—108.

Fazzari, S., Hubbard R.G. and Petersen B.C., 1987, "Financing Constraints and Corporate Investment", National Bureau of Economic Research.

Ferris, J.S., 1981, "A Transactions Theory of Trade Credit Use", *The Quarterly Journal of Economics*, 96(2):243—270.

Freear, J., Sohl J.E. and Wetzel W.E., Jr., 1995, "Angels: Personal Investors in the Venture Capital Market", *Entrepreneurship & Regional Development*, 7(1):85—94.

Freedman, J. and Godwin M., 1994, "Incorporating the Micro Business: Perceptions and Misperceptions", *Finance and the Small Firm*, 232—283.

Freel, M., Carter S. and Tagg S., et al., 2012, "The Latent Demand for Bank Debt: Characterizing 'Discouraged Borrowers'", *Small Business Economics*, 38(4):399—418.

Gentry, W.M. and Hubbard R.G., 2000, "Tax Policy and Entrepreneurial Entry", *The American Economic Review*, 90(2):283—287.

Gibson, B., 1992, "Financial Information for Decision Making: An Alternative Small Firm Perspective", *Journal of Entrepreneurial Finance*, 1(3):221—232.

Goldsmith, R.W., 1969, "Financial Structure and Development", New Haven: Yale University Press.

González, M., Guzmán A. and Pombo C., et al., 2013, "Family Firms and Debt: Risk Aversion Versus Risk of Losing Control", *Journal of Business Research*, 66(11):2308—2320.

Greenwood, J. and Smith B.D., 1997, "Financial Markets in Development, and the Development of Financial Markets", *Journal of Economic Dynamics and Control*，21(1)：145—181.

Grohmann，A.，Klühs T. and Menkhoff L.，2018，"Does Financial Literacy Improve Financial Inclusion? Cross Country Evidence"，*World Development*，111：84—96.

Guiso，L.，Sapienza P. and Zingales L.，2004，"Does Local Financial Development Matter?"，*The Quarterly Journal of Economics*，119(3)：929—969.

Hamilton，B.H.，2000，"Does Entrepreneurship Pay? An Empirical Analysis of the Returns to Self-Employment"，*Journal of Political Economy*，108(3)：604—631.

Hanlon，D. and Saunders C.，2007，"Marshaling Resources to Form Small New Ventures：Toward a More Holistic Understanding of Entrepreneurial Support"，*Entrepreneurship Theory and Practice*，31(4)：619—641.

Haynes，G.W.，Walker R.，Rowe B.R.，et al.，1999，"The Intermingling of Business and Family Finances in Family-Owned Businesses"，*Family Business Review*，12(3)：225—239.

Heckman，J.J.，1979，"Sample Selection Bias as a Specification Error"，*Econometrica*，47(1)：153—161.

Hoff，K. and Stiglitz J.E.，1997，"Moneylenders and Bankers：Price-increasing Subsidies in a Monopolistically Competitive Market"，*Journal of Development Economics*，52(2)：429—462.

Holtz-Eakin，D.，Joulfaian D. and Rosen H.S.，1994，"Sticking It Out：Entrepreneurial Survival and Liquidity Constraints"，*Journal of Political Economy*，102(1)：53—75.

Holtz-Eakin，D. and Rosen H.S.，2005，"Cash Constraints and Business Start-Ups：Deutschmarks Versus Dollars"，*Contributions in Economic Analysis & Policy*，4(1)：1029.

Hotelling，H.，1990，*Stability in Competition*，New York：Springer New York.

Howorth，C.A.，2001，"Small Firms' Demand for Finance：A Research Note"，*International Small Business Journal*，19(4)：78—86.

Hsieh，C.T. and Klenow P.J.，2009，"Misallocation and Manufacturing TFP in China and India"，*The Quarterly Journal of Economics*，124(4)：1403—1448.

Hung，A.，Parker A.M. and Yoong J.，2009，"Defining and Measuring Financial Literacy"，*SSRN Eletronic Journal*，708(708)：213—236.

Hurst，E.，Li G. and Pugsley B.，2014，"Are Household Surveys Like Tax

Forms: Evidence from Income Underreporting of the Self-Employed", *The Review of Economics and Statistics*, 96(1):19—33.

Hurst, E. and Lusardi A., 2004, "Liquidity Constraints, Household Wealth, and Entrepreneurship", *Journal of Political Economy*, 112(2):319—347.

Hurst, E. and Pugsley B.W., 2011, "What Do Small Businesses Do?", National Bureau of Economic Research.

Hussain, J., Salia S. and Karim A., 2018, "Is Knowledge That Powerful? Financial Literacy and Access to Finance: An Analysis of Enterprises in the UK", *Journal of Small Business and Enterprise Development*, 25(6):985—1003.

Jaffee, D.M. and Russell T., 1976, "Imperfect information, Uncertainty and Credit Rating", *The Quarterly Journal of Economics*, 90(4):651—666.

Jaffee, D. and Stiglitz J., 1990, "Credit Rationing", *Handbook of Monetary Economics*, 2:837—888.

Jappelli, T., 1990, "Who is Credit Constrained in the U.S. Economy?", *The Quarterly Journal of Economics*, 105(1):219—234.

Jayaratne, J. and Strahan P.E., 1998, "Entry Restrictions, Industry Evolution, and Dynamic Efficiency: Evidence from Commercial Banking", *Journal of Law and Economics*, 41(1):239—274.

Jayaratne, J. and Wolken J., 1999, "How Important are Small Banks to Small Business Lending?: New Evidence from a Survey of Small Firms", *Journal of Banking and Finance*, 23(2—4):427—458.

Jensen, J.B. and McGuckin R.H., 1997, "Firm Performance and Evolution: Empirical Regularities in the US Microdata", *Industrial and Corporate Change*, 6(1):25—47.

Jensen, M.C. and Meckling W.H., 1976, "Theory of the Firm: Managerial Behavior, Agency Costs, and Ownership Structure", *Journal of Financial Economics*, 3(4):305—360.

Johnson, S., McMillan J. and Woodruff C.M., 1999, "Property Rights, Finance and Entrepreneurship", Conference Paper, The Nobel Symposium in Economics-The Economics of Transition, Stockholm.

Julien, P.A., 2018, "The State of the Art in Small Business and Entrepreneurship", London: Routledge.

Kaiser, H.F., 1974, "An Index of Factorial Simplicity", *Psychometrika*,

39(1):31—36.

　　Keasey, K. and Watson R., 1991, "Financial Distress Prediction Models: A Review of Their Usefulness", *British Journal of Management*, 2(2):89—102.

　　Kerr, W.R. and Nanda R., 2009, "Democratizing Entry: Banking Deregulations, Financing Constraints, and Entrepreneurship", *Journal of Financial Economics*, 94(1):124—149.

　　Kihlstrom, R.E. and Laffont J.J., 1979, "A General Equilibrium Entrepreneurial Theory of Firm Formation Based on Risk Aversion", *Journal of Political Economy*, 87(4):719—748.

　　King, R.G. and Levine R., 1993, "Finance and Growth: Schumpeter Might Be Right", *The Quarterly Journal of Economics*, 108(3):717—737.

　　King, R.G. and Levine R., 1993, "Finance, Entrepreneurship and Growth: Theory and Evidence", *Journal of Monetary Economics*, 32(3):513—542.

　　King, R.G. and Levine R., 1993, "Financial Intermediation and Economic Development", in Mayer C. and Vives X. (eds.) *Capital Markets and Financial Intermediation*, Cambridge: Cambridge University Press, 156—189.

　　Knight, F.H., 1921, *Risk, Uncertainty and Profit*, New York: Houghton-Mifflin.

　　Kon, Y. and Storey D.J., 2003, "A Theory of Discouraged Borrowers", *Small Business Economics*, 21(1):37—49.

　　Kortum, S. and Lerner J., 2000, "Assessing the Contribution of Venture Capital to Innovation", *The RAND Journal of Economics*, 31(4):674—692.

　　La Porta, R., Lopez-de-Silanes F., Shleifer A., et al., 1997, "Legal Determinants of External Finance", *The Journal of Finance*, 52(3):1131—1150.

　　La Porta, R., Lopez-de-Silanes F., Shleifer A., et al., 1998, "Law and Finance", *Journal of Political Economy*, 106(6):1113—1155.

　　La Porta, R. and Shleifer A., 2008, "The Unofficial Economy and Economic Development", National Bureau of Economic Research.

　　Lam, W., 2010, "Funding Gap, What Funding Gap? Financial Bootstrapping: Supply, Demand and Creation of Entrepreneurial Finance", *International Journal of Entrepreneurial Behavior & Research*, 16(4):268—295.

　　Lazear, E. P., 2005, "Entrepreneurship", *Journal of Labor Economics*, 23(4)649—680.

　　Lederer P.J. and Hurter Jr A.P., 1986, "Competition of Firms: Discriminatory Pricing and Location", *Econometrica*, 54(3):623—640.

Levenson, A.R. and Willard K.L., 2000, "Do Firms Get the Financing They Want? Measuring Credit Rationing Experienced by Small Businesses in the U.S.", *Small Business Economics*, 14(2):83—94.

Levine, R., 1998, "The Legal Environment, Banks, and Long-Run Economic Growth", *Journal of Money, Credit and Banking*, 30(3):596—613.

Levine, R., 1999, "Financial Development and Economic Growth: Views and Agenda", Washington, D.C.: World Bank.

Levine, R., Loayza N. and Beck T., 2000, "Financial Intermediation and Growth: Causality and Causes", *Journal of Monetary Economics*, 46(1):31—77.

Levonian, M. E. and Soller J., 1996, "Small Banks, Small loans, Small Business", *FRBSF Economic Letters*, 96(2):1.

Liu, Z., 2005, "Institution and Inequality: The Hukou System in China", *Journal of Comparative Economics*, 33(1):133—157.

Lusardi, A. and Mitchell O.S., 2007, "Baby Boomer Retirement Security: The Roles of Planning, Financial Literacy, and Housing Wealth", *Journal of Monetary Economics*, 54(1):205—224.

Lusardi, A. and Mitchell O.S., 2007, "Financial Literacy and Retirement Planning: New Evidence from the Rand American Life Panel", Michigan Retirement Research Center Research Paper, 15.

Lusardi, A. and Mitchell O.S., 2011, "Financial Literacy and Planning: Implications for Retirement Wellbeing", National Bureau of Economic Research.

Lusardi, A. and Mitchell O.S., 2014, "The Economic Importance of Financial Literacy: Theory and Evidence", *Journal of Economic Literature*, 52(1):5—44.

Lyons, A., Grable J. and Zeng T., 2017, "Impacts of Financial Literacy on Loan Demand of Financially Excluded Households in China", *SSRN Electronic Journal*.

Mach, T.L. and Wolken J.D., 2006, "Financial Services Used by Small Businesses: Evidence from the 2003 Survey of Small Business Finances", *Federal Reserve Bulletin*, 10(92):167—195.

Mach, T.L. and Wolken J.D., 2012, "Examining the Impact of Credit Access on Small Firm Survivability", *Small Businesses in the Aftermath of the Crisis*, 189—210.

Martin, A., 1982, "Additional Aspects of Entrepreneurial History", in

Kent C. A., Sexton D. L. and Vesper K. H. (eds.), *Encyclopedia of Entrepreneurship*, New York: Prentice Hall, 15—19.

Merton, R. C. and Bodie Z., 1995, "A Conceptual Framework for Analyzing the Financial Environment", in Crane D. B., Froot K. A., Mason K. A., et al. (eds.), *The Global Financial System: A Functional Perspective*, Boston: Harvard Business School Press, 3—31.

Miller, M., Godfrey N., Levesque B., et al., 2009, "The Case for Financial Literacy in Developing Countries: Promoting Access to Finance by Empowering Consumers", World Bank, DFID, OECD and CGAP Joint Note, Washington, D.C.

Muravyev, A., Talavera O. and Schäfer D., 2009, "Entrepreneurs' Gender and Financial Constraints: Evidence from International Data", *Journal of Comparative Economics*, 37(2):270—286.

Mushinski, D. W., 1999, "An Analysis of Offer Functions of Banks and Credit Unions in Guatemala", *The Journal of Development Studies*, 36(2): 88—112.

Muske, G., Fitzgerald M. A., Haynes G., et al., 2009, "The Intermingling of Family and Business Financial Resources: Understanding the Copreneurial Couple", *Journal of Financial Counseling & Planning*, 20(2):27—47.

Musso, P. and Schiavo S., 2008, "The Impact of Financial Constraints on Firms Survival and Growth", *Journal of Evolutionary Economics*, 18(2):135—149.

Myers, S. C., 1984, "The Capital Structure Puzzle", *The Journal of Finance*, 39(3):574—592.

Myers, S. C. and Majluf N. S., 1984, "Corporate Financing and Investment Decisions When Firms Have Information That Investors Do Not Have", *Journal of Financial Economics*, 13(2):187—221.

Neeley, L., 2003, "Entrepreneurs and Bootstrap Finance", Management Department, Northern Illinois University.

Neeley, L. and Van Auken H., 2009, "The Relationship Between Owner Characteristics and Use of Bootstrap Financing Methods", *Journal of Small Business & Entrepreneurship*, 22(4):399—412.

Nofsinger, J. R. and Wang W., 2011, "Determinants of Start-up Firm External Financing Worldwide", *Journal of Banking and Finance*, 35(9):2282—2294.

North, D. C., 1981, *Structure and Change in Economic History*, New York: Norton.

OECD, 2016, "Financing SMEs and Entrepreneurs 2016: An OECD Scoreboard", Paris: OECD.

Ou, C. and Haynes G.W., 2006, "Acquisition of Additional Equity Capital by Small Firms-findings from the National Survey of Small Business Finances", *Small Business Economics*, 27(2):157—168.

Pagano, M., Panetta F. and Zingales L., 1998, "Why Do Companies Go Public? An Empirical Analysis", *The Journal of Finance*, 53(1):27—64.

Patrick, H.T., 1966, "Financial Development and Economic Growth in Underdeveloped Countries", *Economic Development and Cultural Change*, 14(2): 174—189.

Paulson, A. L. and Townsend R., 2004, "Entrepreneurship and Financial Constraints in Thailand", *Journal of Corporate Finance*, 10(2):229—262.

Peek, J. and Rosengren E. S., 1998, "Bank Consolidation and Small Business Lending: It's Not Just Bank Size That Matters", *Journal of Banking and Finance*, 22(6):799—819.

Petersen, M.A. and Rajan R.G., 1994, "The Benefits of Lending Relationships: Evidence from Small Business Data", *The Journal of Finance*, 49(1): 3—37.

Petersen, M.A. and Rajan R.G., 1995, "The Effect of Credit Market Competition on Lending Relationships", *The Quarterly Journal of Economics*, 110(2):407—443.

Petersen, M.A. and Rajan R.G., 1997, "Trade Credit: Theories and Evidence", *The Review of Financial Studies*, 10(3):661—691.

Petersen, M.A. and Rajan R.G., 2002, "Does Distance Still Matter? The Information Revolution in Small Business Lending", *The Journal of Finance*, 57(6):2533—2570.

Petrick, M., 2004, "A Microeconometric Analysis of Credit Rationing in the Polish Farm Sector", *European Review of Agricultural Economics*, 31(1): 77—101.

Porto, N., Huang Y. and Xiao J.J., 2019, "Credit Card Adoption and Usage in China: Urban-rural Comparisons", *The Singapore Economic Review*, 64(1): 41—56.

Rajan, R.G. and Zingales L., 1998, "Financial Dependence and Growth",

American Economic Review，88(3):559—586.

Robb，A.M. and Robinson D.T.，2014，"The Capital Structure Decisions of New Firms"，*The Review of Financial Studies*，27(1):153—179.

Robinson，J.，1952，"The Generalization of the General Theory"，in Robinson J. (ed.)，*The Rate of Interest and Other Essays*，London: Macmillan，1—76.

Rosenbaum，P.R. and Rubin D.B.，1983，"The Central Role of the Propensity Score in Observational Studies for Causal Effects"，*Biometrika*，70(1):41—55.

Ross，S.A.，1977，"The Determination of Financial Structure: The Incentive-signalling Approach"，*The Bell Journal of Economics*，8(1):23—40.

Rousseau，P.L. and Wachtel P.，1998，"Financial Intermediation and Economic Performance: Historical Evidence from Five Industrialized Countries"，*Journal of Money，Credit and Banking*，30(4):657—678.

Salop，S.C.，1979，"Monopolistic Competition with Outside Goods"，*The Bell Journal of Economics*，10(1):141—156.

Schäfer，D. and Talavera O.，2009，"Small Business Survival and Inheritance: Evidence from Germany"，*Small Business Economics*，32(1):95—109.

Schumpeter，J.，1934，*The Theory of Economic Development*，Cambridge，MA: Harvard University Press.

Schumpeter，J.A.，1942，"Creative Destruction from Capitalism"，*Socialism and Democracy*，825:82—85.

Schwartz，R.A.，1974，"An Economic Model of Trade Credit"，*Journal of Financial and Quantitative analysis*，9(4):643—657.

Shan，J.Z.，Morris A.G. and Sun F.，2001，"Financial Development and Economic Growth: An Egg-and-Chicken Problem?"，*Review of International Economics*，9(3):443—454.

Shane，S. and Venkataraman S.，2000，"The Promise of Entrepreneurship as a Field of Research"，*The Academy of Management Review*，25(1):217—226.

Sharpe，D.L.，Yao R. and Liao L.，2012，"Correlates of Credit Card Adoption in Urban China"，*Journal of Family and Economic Issues*，33(2):156—166.

Sharpe，S.A.，1990，"Asymmetric Information，Bank Lending，and Implicit Contracts: A Stylized Model of Customer Relationships"，*The Journal of Fi-*

nance, 45(4):1069—1087.

Stancill, J. M. N., 1986, "How Much Money Does Your New Venture Need?", *Harvard Business Review*, 64(3):72—80.

Stein, J.C., 2003, "Agency, Information and Corporate Investment", in Constantinides G.M., Harris M. and Stulz R.M. (eds.), *Handbook of the Economics of Finance*, Amsterdam: North Holland, 111—165.

Stiglitz, J.E. and Weiss A., 1981, "Credit Rationing in Markets with Imperfect Information", *The American Economic Review*, 71(3):393—410.

Stock, J.H. and Yogo M., 2005, "Testing for Weak Instruments in Linear IV Regression", Nber Technical Working Papers.

Strahan, P.E. and Weston J.P., 1998, "Small Business Lending and the Changing Structure of the Banking Industry", *Journal of Banking and Finance*, 22(6—8):821—845.

Stucki, T., 2014, "Success of Start-up Firms: The Role of Financial Constraints", *Industrial and Corporate Change*, 23(1):25—64.

Tian, G., Zhou S. and Hsu S., 2020, "Executive Financial Literacy and Firm Innovation in China", *Pacific-Basin Finance Journal*, 62:101348.

Van Auken, H., 2005, "Differences in the Usage of Bootstrap Financing Among Technology-based Versus Nontechnology-based Firms", *Journal of Small Business Management*, 43(1):93—103.

Van Auken, H.E. and Neeley L., 1996, "Evidence of Bootstrap Financing Among Small Start-up Firms", *Journal of Entrepreneurial Finance*, 5(3):235—249.

Van Rooij, M., Lusardi A. and Alessie R., 2011, "Financial Literacy and Stock Market Participation", *Journal of Financial Economics*, 101(2):449—472.

Vijverberg, C. P. C., 2004, "An Empirical Financial Accelerator Model: Small Firms' Investment and Credit Rationing", *Journal of Macroeconomics*, 26(1):101—129.

Vos, E., Yeh A.J.Y., Carter S., et al., 2007, "The Happy Story of Small Business Financing", *Journal of Banking and Finance*, 31(9):2648—2672.

Wang, C.K. and Ang B.L., 2004, "Determinants of Venture Performance in Singapore", *Journal of Small Business Management*, 42(4):347—363.

Wang, H., Zhang D., Guariglia A., et al., 2021, "'Growing Out of the Growing Pain': Financial Literacy and Life Insurance Demand in China", *Pacific-*

Basin Finance Journal，66：101459.

Wang，L.，Lu W. and Malhotra N. K.，2011，"Demographics，Attitude，Personality and Credit Card Features Correlate with Credit Card Debt：A View from China"，*Journal of Economic Psychology*，32(1)：179—193.

Whette，H.C.，1983，"Collateral in Credit Rationing in Markets with Imperfect Information：Note"，*The American Economic Review*，73(3)：442—445.

Whited，T.M.，1992，"Debt，Liquidity Constraints，and Corporate Investment：Evidence from Panel Data"，*The Journal of Finance*，47(4)：1425—1460.

Williams，E.C.，1981，"Innovation，Entrepreneurship and Brain Functioning"，*Frontiers of Entrepreneurship Research*，516—536.

Williamson，S. D.，1986，"Costly monitoring，financial intermediation，and equilibrium credit rationing"，*Journal of Monetary Economics*，18(2)：159—179.

Winborg，J.，2009，"Use of Financial Bootstrapping in New Businesses：A Question of Last Resort?"，*Venture Capital*，11(1)：71—83.

Winborg，J. and Landström H.，2001，"Financial Bootstrapping in Small Businesses：Examining Small Business Managers' Resource Acquisition Behaviors"，*Journal of Business Venturing*，16(3)：235—254.

Wise，S.，2013，"The Impact of Financial Literacy on New Venture Survival"，*International Journal of Business and Management*，8(23)：30.

World Bank，2014，*Global Financial Development Report 2014：Financial Inclusion*，World Bank Publications，4：121—135.

Worthington，S.，2003，"The Chinese Payment Card Market：An Exploratory Study"，*International Journal of Bank Marketing*，21(6)：324—334.

Worthington，S.，2005，"Entering the Market for Financial Services in Transitional Economies：A Case Study of Credit Cards in China"，*International Journal of Bank Marketing*，23(5)：381—396.

Worthington，S.，Stewart D. and Lu X.，2007，"The Adoption and Usage of Credit cards by Urban-affluent Consumers in China"，*International Journal of Bank Marketing*，25(4)：238—252.

Yilmazer，T. and Schrank H.，2006，"Financial Intermingling in Small Family Businesses"，Journal of Business Venturing，21(5)：726—751.

图书在版编目(CIP)数据

需求方视角下小微企业信贷可得性与企业发展研究 /
徐娜娜著. — 上海 : 格致出版社 : 上海人民出版社,
2023.10
(格致经管前沿)
ISBN 978 - 7 - 5432 - 3509 - 0

Ⅰ. ①需… Ⅱ. ①徐… Ⅲ. ①中小企业-信贷管理-
研究-中国 Ⅳ. ①F832.42

中国国家版本馆 CIP 数据核字(2023)第 179334 号

责任编辑 姚皓涵 程筠函
装帧设计 路 静

格致经管前沿
需求方视角下小微企业信贷可得性与企业发展研究
徐娜娜 著

出 版 格致出版社
上海人民出版社
(201101 上海市闵行区号景路 159 弄 C 座)
发 行 上海人民出版社发行中心
印 刷 上海颛辉印刷厂有限公司
开 本 720×1000 1/16
印 张 14
插 页 2
字 数 170,000
版 次 2023 年 10 月第 1 版
印 次 2023 年 10 月第 1 次印刷
ISBN 978 - 7 - 5432 - 3509 - 0/F · 1540
定 价 68.00 元

格致经管前沿

需求方视角下小微企业信贷可得性与企业发展研究
徐娜娜 著

基础设施、财政支出效率与产业动态比较优势研究
茹玉骢　王文雯 著

公司创业投资与企业技术创新：基于被投资企业的视角
王　雷 著

中国人口迁移与区域收入差距
潘泽瀚 著

谦卑型领导力对创业绩效的影响研究
陈翼然 著

全成本、比较优势与国际贸易
杨青龙 著

二元经济结构、国际经贸新规则与外贸转型升级
刘　晴 著

中国金融分权结构与金融体系发展——基于财政分权下金融风险的视角
苗文龙 著

知识网络与合作网络的关系研究——基于 Python 编程
张晓黎 著

贸易结构与劳动者报酬占比研究
罗海蓉 著

铁矿石与钢铁产业供应链竞争研究
王金桃 等著

政府规制视角下国企高管薪酬管理制度改革研究
黄再胜 著